Fritz Knapp

Piero di Cosimo

Ein Übergangsmeister vom Florentiner Quattrocento zum Cinquecento

Fritz Knapp

Piero di Cosimo
Ein Übergangsmeister vom Florentiner Quattrocento zum Cinquecento

ISBN/EAN: 9783743629585

Hergestellt in Europa, USA, Kanada, Australien, Japan

Cover: Foto ©Thomas Meinert / pixelio.de

Weitere Bücher finden Sie auf **www.hansebooks.com**

Piero di Cosimo. Tod der Prokris. Nationalgalerie, London.

PIERO DI COSIMO

EIN ÜBERGANGSMEISTER VOM FLORENTINER QUATTROCENTO ZUM CINQUECENTO

VON

FRITZ KNAPP

HALLE A. S.

VERLAG VON WILHELM KNAPP

1899

VORWORT.

Beschäftigt mit dem Studium der Florentiner Maler im Cinquecento, empfand ich stark den Mangel eines Überganges von der mehr plastischen Auffassung des Quattrocento zu der malerisch wie koloristisch freieren des Cinquecento. Da wurde denn mein Augenmerk auf Piero di Cosimo als den Lehrer der bedeutendsten Maler jener Zeit, so des Fra Bartolomeo und Andrea del Sarto gerichtet. Eine Zusammenstellung der Werke und eine möglichst klare Präzisierung der Kunst dieses erst in den letzten Jahren mehr beachteten Meisters schien mir nicht überflüssig.

Durch sorgfältiges Studium wie ausgedehnte Reisen habe ich meine Kenntnis des Materials mehr und mehr zu vervollkommnen gesucht. Wenn ich es da bis zu einer gewissen Vollständigkeit gebracht habe und sogar fast alle Bilder in Abbildung vorführen kann, so habe ich das der weitgehenden Unterstützung der Kenner und dem gütigen Entgegenkommen der Sammler zu danken. All diesen Herren spreche ich hiermit meinen verbindlichsten Dank aus. Besonders bin ich meinem Lehrer, Heinrich Woelfflin in Basel, für die freundliche Beihilfe verpflichtet.

Der Übersichtlichkeit halber wählte ich die katalogartige Form, die Aneinanderreihung der Bilder und übergebe das Buch der Öffentlichkeit in der Hoffnung, weiteres Interesse für den feinen Maler zu wecken.

Berlin, im September 1898.

.Fritz Knapp.

Einleitung.

Piero di Cosimo, dieser Künstlername, ist jedenfalls einer der am seltensten genannten der Florentiner Quattrocentisten. Er hatte denn auch noch bis vor kurzer Zeit selbst für die Spezialgelehrten nur hohlen Klang und man würde sich vergebens mühen, wollte man über ihn in den Kunsthandbüchern etwas Zureichendes finden. Man verband mit demselben die vage Vorstellung eines ziemlich verschrobenen Künstlers, der zwar im Nachahmen, Kopieren, Stehlen und Verwenden der Kunstmittel anderer grosses geleistet, aber nur eine ganz geringe eigene schöpferische Kraft entfaltet habe.

Dass dem nicht so ist, dass mit diesem verdammenden Urteil unserem Piero eine grosse Ungerechtigkeit widerfahren ist, haben die neuesten Forschungen erwiesen.[1]) Auf dem Gebiete der Kunst von Florenz gehört es gewiss zu den grössten Verdiensten Giovanni Morellis und seiner Schule, diesen historisch hoch interessanten Meister aus dem Dunkel der Vergessenheit gezogen zu haben. Gustavo Frizzoni hat das meiste dazu beigetragen, dass sich die Zahl anerkannter Werke von Pieros Hand in der letzten Zeit mehr als verdreifacht hat. Fast in allen bedeutenden Galerien hat man Gemälde von ihm gefunden. Eine recht bunte Reihe von Künstlernamen aller möglichen Schulen und Nationen prangten einst auf den Rahmen derselben. Am häufigsten wurden sie Luca Signorelli genannt, dann bald Bugiardini oder Boltraffio, Botticelli oder Pollajolo, Raffaellino del Garbo oder Gaudenzio Ferrari, sogar Raffael und Dürer, Holbein und Mantegna, Lucas van Leyden und Mabuse fehlen nicht.

Diese Verschiedenheit der Namen ist bezeichnend für den Künstler, der allerdings seine Art oft gewechselt hat. Schon Vasari thut dessen tadelnd Erwähnung. Im übrigen ist gerade er ein verständiger und sympathischer Beurteiler von Pieros

---

1) G. Frizzoni, Arte italiana del rinascimento 247 fgde., worin er seine früher schon veröffentlichten Resultate (kritische Studien über die italienischen Bilder der Berliner und Londoner Galerie) zusammenfasst.

G. Morelli, Zeitschrift für bildende Kunst. IX. 1874, 173.

G. Morelli, Kunstkritische Studien zur italienischen Malerei. I. Aufl. 232—233, 381, 383. II. Aufl. Bd. I. 149 fgde. 156, 167. Anm. Bd. II. 338. Bd. III. 11. Anm., 18, 19, 21—24, 28.

H. Ulmann, Jahrbücher der preussischen Kunstsammlungen. 1896, 42—64, 120—142. Dies ist das Letzte und Zusammenhängendste, was über Piero geschrieben ist. Leider mangelt dem Verfasser die Kenntnis verschiedener der wichtigsten Werke. Der Artikel erschien, als mein erster Entwurf schon fertig war, und da ich öfters anderer Meinung war, so schien mir eine sorgfältige Ausarbeitung trotz dieser anerkennenswerten Arbeit nicht überflüssig.

1

Kunst. Er bezeichnet sie einmal genauer, als er von dem Bilde der Visitation
spricht, wo Piero „einen heiligen Antonius, welcher mit einem Klemmner auf der
Nase liest, sehr naturwahr wiedergiebt. Ebendort ahmte er ein Buch in altes
Pergament gebunden so täuschend nach, dass man es wirklich vor sich zu sehen
glaubt; ferner malte er einige Kugeln, die des heiligen Nicolas, leuchtend, schim-
mernd in Lichtern und Reflexen, welche von der einen auf die andere zurück-
geworfen werden; aus allen diesen kann man die ganze Eigenart seines Geistes erkennen und die Sucht, möglichst schwierige Sachen darzustellen.“[1]) Damit bezeichnet
er die Weise des Künstlers während einer bestimmten Zeitperiode; im übrigen ist
diese kleine Auseinandersetzung nichts weniger denn erschöpfend.

Sie lässt uns aber einen vorläufigen Einblick in das Wesen des Meisters thun. Sein
künstlerisches Streben scheint danach besonders darauf gerichtet Lichteffekte wiederzugeben und den Dingen nach ihrer stofflichen Erscheinung gerecht zu werden. Er
folgt da jener Strömung in der Florentiner Kunst, welche, von der Goldschmiedekunst
und Plastik ausgehend, beeinflusst von den Niederländern, auf beinahe übertriebene Feinheit der Detaildurchbildung sowohl wie auf glänzende Farbtöne ihr Augenmerk richtete.
Sehr nahe berührt er sich mit Piero Pollajolo, ferner scheint er mit Andrea del Verrocchio
und dessen Schule durch enge Beziehungen verbunden gewesen zu sein. Besonders der
grosse Lionardo aber hat einen höchst fruchtbaren Einfluss auf ihn ausgeübt. Vasari[2])
weiss auch darüber manches zu berichten, so etwa, dass er sich Mühe gab Lionardos
Malen in Ölfarben und dessen feines Helldunkel nach dem Vorbilde einiger sehr zart
modellierter und sorgsam ausgeführter Sachen nachzuahmen. Ja Piero soll sich sogar
Entwürfe und Zeichnungen Lionardos verschafft und dieselben in Öl ausgeführt
haben.[3]) Ohne Lionardos gewaltige künstlerische Kraft, ohne dessen wegebahnende
Energie hatte Piero doch feines Gefühl, inniges Verständnis genug, dessen Ent-
deckungen und Fortschritte zu begreifen, freilich nur soweit, als sie im Gesichtskreis
seiner doch nur einseitigen Begabung lagen. Wie jener besass er für das Physio-
gnomische einen besonderen Sinn und seine landschaftlichen Darstellungen gehören
zu dem besten, was damals in Florenz auf diesem Gebiete gegeben wurde. Er war
eine weiche Natur und sein empfindsames, sinnendes Wesen weilte am liebsten in
dem holden Reiche des Lichtes, der Farben. So zauberte er mit seinem Pinsel die
zartesten Lichtstimmungen und prächtigsten Farbspiele hervor. Eine reiche Fülle der
feinsten Lichtprobleme reizten ihn zur Darstellung und fast jedes seiner Bilder bringt
eine neue, interessante Lösung. Wegen dieser Vorzüge seiner Bilder geht Vasari

1) Vasari-Milanesi IV. 133. una Visitazione di Nostra Donna con San Nicolò e un Sant'
Antonio che legge con un par d'occhiali al naso, che è molto pronto. Quivi contrafece uno
libro di cartapecora un po' vecchio, che par vero; e così certe palle a quel San Nicolò, con
certi lustri, ribattendo i barlumi e riflessi l'una nell'altra, che si conosceva infino allora la stranezza
del suo cervello, ed il cercare che e' faceva delle cose difficili.
2) Vas. IV. 134. diede opera al colorire a olio, avendo visto certe cose di Lionardo
fumeggiate e finite con quella diligenza estrema che soleva Lionardo, quando e voleva mostrar l'arte.
3) Im Inventar der Uffizien von 1589 heisst es auf Blatt 30, dass zu dem Bilde der Befreiung
der Andromeda durch Perseus die Zeichnung von Lionardo da Vinci stammt, während dem Piero
di Cosimo nur die Ausführung in Farben gehört (fu disegnato da Lionardo da Vinci, e da Piero
di Cosimo colorito solamente). Diese Bemerkung liest man in den weiteren alten Katalogen und
findet man auch bei Baldinucci, Filippo: Notizie dei Professori del disegno, Firenze 1681, I, S. 550 fgde.

sogar so weit, dem Piero für Toscana den Platz, welchen Correggio und Giorgione in Oberitalien einnehmen, zuzuweisen.

Aber die Bedeutung Pieros liegt nicht nur darin, dass er zu einer Zeit, als Lionardo fern von seiner Heimat weilte, kräftig in der von diesem eingeschlagenen Richtung weiter arbeitete. Sein Hauptverdienst um die Entwicklung der Malerei in Florenz ist es, dass er die malerischen und technischen Errungenschaften der Niederländer studierte, sie sich zu eigen machte und sie der ganzen Schule übermittelte. Dass er dies konnte, verdankt er wesentlich dem 1482 in Florenz erscheinenden Triptychon des Hugo van der Goes. Dasselbe muss einen gewaltigen Eindruck auf ihn gemacht haben. An diesem glänzenden Vorbild verfeinerte er seine Maltechnik und entwickelte er sein Farbgefühl.

Die florentinische Kunst war ja in malerischer Hinsicht etwas zurückgeblieben. Fast scheint es, als ob die klare, durchsichtige Luft Toscanas mit Schuld daran trüge; sie lässt die Formen plastischer, genauer abgegrenzt, die Lokalfarben stärker, reiner, aber auch kälter und trockner erscheinen denn etwa die feine Dunstatmosphäre Venedigs.

Aber ebenso glänzend wird durch die grosse Schwenkung, die Stiländerung, die sich um 1500 auf der ganzen Linie und zwar nicht zum wenigsten durch Einwirkung Pieros vollzieht, erwiesen, wie weitgehend die Umbildungsfähigkeit, wie unerschöpflich die Schaffenskraft eines so hochbegabten und gesunden Volkes wie das der Toscaner war.

Im Vergleich zu der älteren Ortskunst zeigt die ganze jüngere Kunst in Florenz ein vollständig anderes mehr malerisches Gepräge. Pieros Werke nehmen eine vermittelnde Zwischenstellung zwischen dem alten und dem neuen Jahrhundert ein. Seine Schule wurde zur eigentlichen Pflanzstätte für die Cinquecentisten. So hat er grossen Einfluss auf die Jugendentwicklung des Fra Bartolomeo und Mariotto Albertinelli gehabt und mit mehr Recht denn Cosimo Rosselli, in dessen Schule sie ja zusammen aufgewachsen sein sollen, ist er als ihr Lehrer zu bezeichnen. Ferner weilte Andrea del Sarto seit seinem zwölften Jahre in Pieros Atelier. Auch Pontormo, Ridolfo Ghirlandajo, Franciabigio, Bacchiacca und wie die Kunstjünger der ersten Jahrzehnte des Cinquecento in Florenz alle heissen mögen, sie haben fast alle in der Malweise und Farbgebung starke Einwirkungen empfangen von diesem Maler, den Unwissende für unselbständig, wankelmütig, immer von andern abhängig halten. Wenn die florentinische Kunst von den in den Farben trocknen, wegen ihrer Buntheit oft unerträglichen Bildern eines Botticelli, Filippino, Ghirlandajo, Lorenzo di Credi fortschreiten konnte zu Meisterwerken höchster, malerischer Qualität, wie sie Fra Bartolomeo, Andrea del Sarto u. a. geschaffen, verdanken wir dies hauptsächlich diesem Piero di Cosimo, dessen Lebensgeschichte und Werken wir uns nun zuwenden. Möge es uns gelingen seine Bedeutung und seine künstlerische Entwicklung an Hand der Bilder klar zu machen.

Lebensgeschichte.

Von dieser allgemeinen Einleitung, in der wir nur ganz im Grossen die Stellung Pieros in der heimatlichen Kunst bezeichnen wollten, wenden wir uns zunächst einer intimeren Betrachtung der Lebensgeschichte des Meisters zu. Was uns Vasari in Pieros Biographie[1]) mitteilt, ist beinahe das einzige, uns über ihn Überlieferte. An Lebensdaten können wir derselben und einigen von Milanesi gefundenen Dokumenten nur wenig entnehmen. Um so reicher ist die Ernte für die inneren geistigen Verhältnisse Pieros, dem als Künster wie als Menschen Vasari eine warme Sympathie entgegenbringt. Wo etwas Gutes ist, erwähnt und lobt er es voller Begeisterung. Die Schwächen, die oft scharf genug bemerkbar werden, bedauert er innig. Er sucht die Mängel zu mildern, indem er die Schuld auf kleine Fehler in seinen Charaktereigenschaften schiebt und das Schicksal beklagt, das ihn in unglückliche Verhältnisse gestürzt hätte.

Das zuerst zu berichtende, der Geburtstag Pieros, fällt in das Jahr 1462; geboren zu Florenz, ist er der Sohn eines gewissen Lorenzo Chimenti, der Goldschmied war und auch Maler, da er mit seinem Bruder in der Malergilde erscheint. Der Stammbaum der Familie ist dieser:

Antonio
|
Piero (succhiellinajo - Eisenarbeiter)

Lorenzo Chimenti (orafo-pittore geb. 1436)			Balbo (orafo-pittore)	
Piero (di Cosimo) (1462—1521)	Giovanni (geb. 1464)	Francesco (geb. 1474)	Raffaello (geb. 1475)	Bastiano (geb. 1478).

Cosimo, nach dem sich Piero di Cosimo nennt, ist der Name seines Lehrers Cosimo Rosselli, der ihn wie seinen eignen Sohn[2]) behandelt haben soll und in dessen Werkstatt er 18jährig, 1480, als „non a salaro (salario)" (nicht gegen Lohn) arbeitend auf dem Steuerzettel seines Vaters bezeichnet wird. Über die Romreise mit seinem Meister haben wir später noch zu berichten. Jedenfalls erscheint es mir höchst unwahrscheinlich, dass Piero, wie berichtet wird, bis 1506, dem Todesjahr Rossellis, bei ihm gearbeitet hat, denn seine Bilder lassen bald dessen Einfluss verschwinden, so dass er wohl schon früh aus seiner Werkstatt schied.

Was nun Pieros Verhältnis zu anderen Künstlern und Menschen betrifft, so hatten wir schon in der Einleitung auf seine Beziehungen zu Lionardo hingewiesen. Im übrigen scheint er wenigstens in seinen jüngeren Jahren einen regen Verkehr

---

1) Vas. IV. 131—144.
2) Vas. IV. 132. gli portò amore come a figliuolo, e per tale lo tenne sempre.

und eine Anzahl Freunde gehabt zu haben. So teilt uns Vasari mit, dass bald dieser, bald jener Auftraggeber mit dem Maler durch Bande der Freundschaft verbunden gewesen wäre. Das berichtet er von Piero Pugliese,[1] von Giuliano de' Medici,[2] ferner von Francesco da San Gallo,[3] der ein Porträt des greisen Piero besass. Nach demselben ist wohl auch das Holzschnittporträt Pieros bei Vasari gemacht. Es zeigt das hässliche Profil eines Greises mit scharfer, spitzer Nase und struppigem Bart. Es ist das Gesicht eines unruhigen, unzufriedenen Menschen, der wenig auf sich acht giebt und sich zu sehr gehen lässt. Von der Hand des Piero hatte Francesco auch die Bildnisse seines eignen Vaters und seines Grossvaters.

In die Öffentlichkeit ist Piero wohl nicht viel getreten, vielleicht ein einziges Mal als er zur Teilnahme am Schiedsgericht über den Platz der Aufstellung von Michelangelos David (25. Januar 1504) eingeladen war. Trotzdem muss er im Volke sehr bekannt gewesen sein; dafür spricht schon die aussergewöhnlich grosse Anzahl von Anekdoten, welche uns Vasari über ihn zu berichten weiss. In erster Linie wird er wohl durch die von ihm inscenierten, prunkhaften Karnevalszüge beim Volke beliebt gemacht haben.

Piero soll der erste gewesen sein, der solche Maskeraden nicht nur mit Wortschwall und Musiklärm, sondern auch mit aussergewöhnlichem, äusseren Pomp ausstattete. Es erschienen da abends oft zwanzig, dreissig und mehr Reiterpaare in glänzender Kostümierung, gefolgt jeder von sechs bis acht berittenen Bedienten, die ebenfalls verkleidet Fackeln in den Händen hielten, so dass die Gesamtzahl der Teilnehmer häufig mehr als 400 betrug. Selten fehlte ein mit phantastischen Ornamenten oder auf den Inhalt des Zuges bezüglichen Gegenständen oder sonstigen Bizzarerien ausgeschmückter Triumphwagen. Natürlich geschah das zum höchsten Ergötzen des Volkes und die Aristokratie liess es sich nicht entgehen, durch solche Schaustücke um die Gunst der Masse zu werben und Pieros Hilfe wurde zu derartigen Inscenierungen gerne herbeigezogen. So kam der Künstler viel in die Kreise der Aristokraten und daher rührt wohl auch seine Bekanntschaft mit Giuliano de' Medici,[4] dem er auch ein Bild mit einem Meerungeheuer schenkte. Die glänzendste dieser Veranstaltungen war jedoch der berühmte, lange noch in der Phantasie des Volkes fortlebende Triumphzug des Todes. Vasari[5] beschreibt ihn ausführlich wie folgt.

Ein grosser, ganz schwarz behängter Karren, auf dessen Spitze der Tod mit der Sense sass, wurde gezogen von einer Reihe gleichfalls schwarz behängter Ochsen. All dies schwarze Tuch war weiss bemalt mit einer Menge Totengebeinen, Schädeln, Knochen und rings um den Tod hoben sich Grabdeckel und es erschienen schwarz umhüllte Gestalten mit aufgemalten Totengerippen, die mit heiserer Stimme zu dumpfen Trompetentönen den schwermütigen Gesang: Dolor, pianto e penitenza etc. absangen, um dann wieder hinabzusinken in ihre Gräber. Vor dem Wagen wie hinterher ritt eine grosse Anzahl als Tote Maskierter auf ausgesucht magern und dürren Gäulen, die mit schwarzen Decken voller weisser Kreuze und Knochen behangen waren. Jeder von diesen wurde von vier schwarz gekleideten

---

1) Vas. IV. 140.
2) Vas. IV. 138.
3) Vas. IV. 144.
4) Giuliano der jüngere, Sohn des Lorenzo, duca di Nemours (1478—1516). Vas. IV. 138.
5) Vas. IV. 135—137.

Knappen begleitet, deren jeder eine Fackel trug und eine schwarze Fahne, auf der weiss ein Kreuz, Knochen und ein Totenkopf gemalt waren. Hinterher fuhr man auf Wagen zehn mächtige Standarten und während das Ganze sich langsam vorwärts bewegte, erscholl in schweren, zitternden Tönen das Miserere, der Psalm Davids. Dieser an die Vergänglichkeit alles Seins ernst gemahnende Zug des Todes muss einen gewaltigen Eindruck auf die leicht erregbaren Gemüter der Italiener gemacht haben. Vasari sagt denn auch, dass seitdem viele derartige tiefsinnige Maskeraden veranstaltet wurden, ohne dass jedoch eine sich vergleichen liesse mit diesem schwermütigen Triumph des Todes, für den Greise, die ihn einst gesehen, in lebhafter Erinnerung nicht genug Worte des Lobes finden könnten. Er wurde aufgeführt 1511, ein Jahr vor der Rückkehr der Medici[1]) und es ist beinahe selbstverständlich, dass die bewegliche Volksphantasie — natürlich nachträglich erst — darin eine Prophezeiung auf den Untergang der Republik und der Freiheit sah. Besonders darauf hinzuweisen schienen die Worte:

Morti siam, come vedete;	Tot erblickt Ihr uns, verblichen,
così morti vedrem voi;	Wie wir Euch im Geist schon sehen,
Fummo già, come voi siete;	Uns, die lebend wir Euch glichen,
Vo' sarete come noi ecc.	Werdet gleich Ihr im Vergehen.

Jedenfalls werfen alle diese Veranstaltungen Pieros ein sehr scharfes Licht auf sein höchst eigenartiges Wesen. Ein bewegtes Temperament, eine reiche, unerschöpfliche Phantasie und ein tiefes ernstes Gemüt, das ihn bewegte all jenen Aufführungen immer einen tieferen Sinn zu geben, offenbaren sich darin. Wir werden später sehen, dass auch aus allen seinen Werken derselbe Charakter spricht. Schon ganz im allgemeinen beweisen das die Stoffe einer grossen Anzahl seiner Bilder. Der Landschaft und der Tierwelt war er besonders zugethan, so dass er als erster Landschafts- und Tiermaler in Florenz am Ende des Quattrocento gelten durfte. Wie er gerne eigentümliche Tiere oder Naturobjekte[2]) sich ansah, solche sammelte, so erfand er auch solche in seiner Phantasie. Seine Meerungeheuer, Faune, Kentauren etc. werden wir noch kennen lernen. Vasari[3]) berichtet von einem Skizzenbuch Pieros im Besitze des Herzogs Cosimo de' Medici, in denen die hübschesten wie sonderbarsten Meerwesen sich in feinster Federzeichnung und in sorgfältigster Ausführung befänden. Er und befreundete Künstler ergötzten sich immer wieder daran. Mit besonderer Vorliebe wählte Piero Scenen aus dem Leben der Götter und den Heldensagen der Alten, wo denn seine Phantasie die fremdartigsten Früchte zeitigte.

Leider jedoch fehlt es auch nicht an starken Schattenseiten zu jenen Glanzlichtern. Der Künstler, der schon früh eine reiche Begabung zeigte, besass eins nicht, was die Grösse des Genies ausmacht, die zielbewusste Energie, die künstlerische Thatkraft, die nicht eher ruht, bis sie nicht das Gewollte erreicht hat. Vasari[4]) beklagt diesen Mangel bitter und meint, dass ein Mann von der Beanlagung Pieros hätte grosses leisten können, wäre ihm jenes auch noch von der Natur geschenkt gewesen. Piero konnte sich zwar momentan so in eine Sache vertiefen, dass er darüber alles andere vergass,

1) Vas. IV. 137.
2) Vas. IV. 134.
3) Vas. IV. 138—139.
4) Vas. IV. 134.

nichts anderes sehen oder hören mochte und tagelang nicht sichtbar wurde ausserhalb des Ateliers, aber die Spannkraft erschlaffte bald. Daher kam denn auch jene schon erwähnte, oftmalige Änderung seiner Malweise und wohl auch sein langsames Arbeiten hat darin seinen Grund. Er begann die Bilder mit viel Begeisterung, liess sie jedoch bald stehen, um sie schliesslich mehr gezwungen oder gelegentlich zu Ende zu führen. Die Art langsam zu arbeiten, die übrigens die Datierung der Bilder nicht gerade erleichtert, erhellt aus einer Anekdote Vasaris[1]) von Piero Pugliese. Dieser hatte ein Bild bei Piero für das Spedale degli Innocenti bestellt und musste jahrelang auf die Vollendung desselben warten. Als ihm die Sache doch etwas zu lange dauerte, wünschte er es wenn auch in unfertigem Zustande zu sehen. Das wurde ihm jedoch rundweg abgeschlagen, ja der Maler verlangte sogar noch den rückständigen Rest des Kaufpreises, die Drohung beifügend, dass er andernfalls das Bild zerstören würde. Wir ersehen daraus, wie wenig liebenswürdig Piero selbst Freunden gegenüber sein konnte und dass er sich nicht gerne auf die Finger sehen liess,[2]) eine Abneigung, die er freilich mit vielen Künstlern gemein hat.

Wie sein Gedankengang ein unruhiger ist, etwas sprunghaft Nervöses hat, so auch sein Lebenslauf. Schon von Jugend auf war er ein Freund der Einsamkeit und er flüchtete oft hinaus in die weite Natur, um mit sich allein sein, ungestört seine Luftschlösser aufbauen zu können. Ein unstäter Geist bewegte ihn, trieb ihn bald wieder hinein in das tollste Menschengewühle, in den Strudel geselligen Lebens und er veranstaltete dann jene Maskeraden, Fackelzüge etc. Mit den Jahren steigert sich nur noch seine Nervosität, ja auf seine alten Tage erhält sein geistiges Wesen bei den immer excentrischer werdenden Manieren ein stark pathologisches Gepräge. Er wird bald zum menschenscheuen Sonderling, besonders wie Vasari[3]) wissen will, nach dem Tode seines „zweiten Vaters, des Cosimo Rosselli". Er vertiefte sich in seine Liebhabereien und um sich ihnen leichter hingeben zu können, schränkt er seinen Verkehr und seine Bedürfnisse auf das Notwendigste ein. Aus Bequemlichkeit wohl eher denn aus Not nährt er sich nur noch von gesottenen Eiern, die er schockweise auf einmal kochte, und zwar in dem Wasser, das er zum Leimsieden verwendete.

Schliesslich vereinsamt er ganz, er zieht sich vollständig zurück in seine öde Behausung,[4]) in der es wüst ausgesehen haben muss, denn in seinem Atelier darf nie eine ordnende Hand eingreifen. Der Garten davor ist ganz vernachlässigt. Wild wachsen Reben und Feigen durcheinander; kein Gärtner kommt um zu beschneiden, aufzubinden. Der Meister verbietet es, er meint, die Natur bedürfe dieser gewaltsamen Eingriffe nicht, jedes Gewächs wisse selbst wie es zu wachsen habe. Und in diesem Wirrwarr wandelt er, verwahrlost wie die Pflanzen. Bald bleibt er vor einer alten Mauer stehen, um aus den Flecken des schadhaften Bewurfes sich die sonderbarsten Phantasiegebilde, grosse Reiterschlachten, phantastische Städte oder weite Landschaften zu gestalten. Bald wieder verflucht er in lautem Selbstgespräch das menschliche Schicksal. Da plötzlich lässt ihn ein in der Ferne rollender Donner zu-

---

1) Vas. IV. 140—141.
2) Vas. IV. 133. non si lasciava veder lavorare.
3) Vas. IV. 133. ben lo dimostrò meglio dopo la morte di Cosimo.
4) Vas. 133—134. egli del continuo stava rinchiuso — e teneva una vita piuttosto bestiale che umana — egli per la bestialità sua fu piuttosto tenuto pazzo.

sammenfahren, erschreckt stürzt er ins Haus, Thüren und Fensterladen schliessend, um selbst in einem dunklen Winkel des Zimmers, in seinen Mantel gehüllt, zusammenzusinken. Den flackernden Blitz kann er nicht sehen, wie ihm das Läuten der Glocken, der Gesang der Mönche oder das Husten von Kranken unausstehlich ist, wie er das Schreien kleiner Kinder nicht hören mag. Vergeht das Gewitter, so eilt er wieder hinaus und da, wenn das Regenwasser noch von den Dächern herabrieselt, macht es ihm besondere Freude, das Zerspritzen der fallenden Tropfen zu betrachten. Das menschliche Schicksal gleichet ihnen.

In den letzten Jahren muss sein Geisteszustand ein hochgradig nervöser, wenn nicht gestörter gewesen sein. Die Fliege an der Wand ärgert ihn und Kleinigkeiten können ihn so in Aufruhr bringen, dass er verflucht, was er eben noch gut geheissen. Zudem haben sich eine Reihe fixer Ideen gebildet. Eine Art Verfolgungswahn erfüllt ihn mit Misstrauen gegen die Menschen, so dass er, als er ernstlich krank wird und die Freunde ihn bewegen wollen ärztliche Hilfe beizuziehen, sich dagegen sträubt. Der Misanthrop sieht in den Doktoren und ihren Helfern die wahren Folterer der Kranken. Sie gäben Arzenei nur, um die Leidenden zu quälen, 'aus gleichen Gründen störten sie ihren Schlaf und um sie Hungers sterben zu lassen, verböten sie ihnen das Essen. Alle die Schmerzen eines langsam unter den Thränen der Angehörigen Hinsterbenden vergleicht er mit dem letzten Gang des zum Tode verurteilten Verbrechers zum Schaffot. Diesem muss der Trost der bemitleidenden Menge wie Hohn, der Hinweis des Priesters auf eine Auferstehung zu neuem Leben, auf das Paradies, wie niederträchtige Ironie erscheinen.

Aber wie er sich auch gegen das Siechtum mit aller Kraft sträubt, der Malstock, die Pinsel sinken aus der zitternden Hand und dem Tod, dessen Triumph er einst verherrlicht, unterliegt auch er. Eines Morgens, im Jahre 1521, fanden ihn seine Freunde tot an den Stufen der Treppe. Begraben wurde er in San Pier Maggiore. Das Epitaph, das Vasari ihm giebt, lautet:

S' io strano, et strane for le mie figure:	Schein ich Dir fremd, missfällt Dir all mein Schil-
Diedi in tale stranezza et grazia et arte;	Im Sonderbaren gab ich reine Kunst; [dern,
Et chi strana il disegno a parte a parte,	Und was entfremdet oft der Menschen Gunst,
Dà moto, forza, et spirto alle pitture.	Giebt Leben, Kraft und Geist doch all den Bildern.

Vasari will damit sagen, dass Piero trotz all der Sonderbarkeiten ein echter Künstler war, dem es an Feinheit der künstlerischen Auffassung nicht fehlte (diedi in tale stranezza et grazia et arte). Seinen Bildern, die vielleicht viele Beschauer abstossen wegen mancher Eigentümlichkeiten, hat er doch Leben, Kraft und Geist zu geben vermocht (dà, noto, forza, et spirto alle pitture).

Wir sehen, das Lebensschifflein des Künstlers schwankt hin und her, bald hoch emporgehoben auf dem schimmernden Kamm der Wellen, bald tief versinkend, fast untergehend in den Tiefen der Wogen. Das Leben eines Sonderlings, eines unglücklich beanlagten Menschen, dem das innere Gleichgewicht fehlt, haben wir vor uns. Bei grosser Beanlagung und Gemütstiefe besass er nicht genügende Energie, ausreichende Kraft, um sich zu Leistungen ersten Ranges aufschwingen zu können. Seine Werke werden die inneren Schwankungen, die ihn bewegten, klar genug zeigen; zum öfteren werden wir sehen, wie er sich bei der grossen Weichheit seiner Seele allzuleicht vom vorgesetzten Ziele ablenken, zu oft von momentanen Stimmungen fortreissen lässt.

Das künstlerische Lebenswerk Pieros di Cosimo.

I. Die Lehrjahre.

Begrenzen die Jahre 1462 und 1521 das Leben Pieros di Cosimo, so fällt seine künstlerische Schaffensperiode in die letzten beiden Jahrzehnte des XV. und die ersten des XVI. Jahrhunderts. Es war jene viel bewegte Zeit, als in Florenz nicht nur hochbedeutende einheimische Künstler wie die Pollajuoli, Verrocchio, Lionardo, Botticelli, Filippino, Ghirlandajo u. a. schufen, sich auslebten und neue Grössen wie Michelangelo, Fra Bartolomeo, Andrea del Sarto heranwuchsen, sondern wo auch aus den umliegenden Bergen Männer wie Piero della Francesca, Signorelli, Perugino, Raffael und andere herabstiegen, um hier unten zu lernen und zu wirken. Leider hatte Piero nicht das Glück, bei einem jener Meister in die Lehre zu kommen, sondern nur bei einem untergeordneten Maler zweiten Ranges, dem Cosimo Rosselli. Dessen Werkstatt hat als seine eigentliche Schule zu gelten, mag er auch die ersten Anfangsgründe seiner Kunst bei seinem Vater, der ja auch Maler war, gelernt haben.

Jetzt haben wir zunächst die Pflicht, die Art dieses, seines Lehrers, näher zu untersuchen, um so die Grundlage von Pieros Kunst festzustellen, den Boden, dem er entwuchs, frei zu legen.

a) Cosimo Rosselli, sein Lehrer.

Cosimo Rosselli, geboren 1439, hatte bei geringer Begabung das Unglück, in das Atelier eines Stümpers, des Neri di Bicci, zu geraten, bei dem er sich in den Jahren 1452—1453 [1]) befand. Dasselbe verliess er bald wieder und seit 1456 trat er in nähere Beziehung zu Benozzo Gozzoli. Daneben empfing er jedoch von den verschiedensten Seiten Einflüsse. Mit äusserst wenig Schönheitsgefühl begabt, zeigt er besonders in der Formengebung sehr empfindliche Schwächen. Seine langen und dürren Gestalten haben nichts von jener feinen, empfindsamen Grazie, wie sie gerade die Florentiner des ausgehenden Quattrocento gerne ihren Figuren einhauchten. Die Gewänder und ihre Faltenlagen sind sehr nüchtern und wenig verstanden. Die Gesichter sind durchweg hässlich, blöde und ausdruckslos in einem Typus, der

---

1) Crowe-Cavalcaselle, deutsche Ausgabe. Bd. III, S. 287—293. — Rumohr, Italienische Forschungen. Bd. II, S. 267.

leicht wiederzuerkennen ist an der langen, spitzen Nase, die wie aufgeklebt im Gesicht sitzt. Auch sonst ist die Zeichnung sehr mangelhaft. Das Beste, das Kolorit, leidet noch stark an Buntheit und Schärfe der Töne. Er liebt wie Neri di Bicci ein scharfes Rot und violette Farben. Dieser Cosimo, der heutzutage nur noch einen zweifelhaften Ruhm als Künstler geniesst, scheint damals doch in ziemlichem Ansehen gestanden zu haben. Sein Atelier war sehr besucht von jungen Malern, die das Handwerk erlernen wollten. In demselben finden sich unter andern Fra Bartolomeo und Mariotto Albertinelli und auch Ghirlandajo mag zeitweise dort gewesen sein.

Abb. 1.   Cosimo Rosselli.
Die heilige Barbara in der Akademie zu Florenz.
(Nach einer Photographie von Alinari.)

Viele Bilder Cosimos schmückten die Altäre der Kirchen in Florenz und eine relativ grosse Zahl derselben sind noch an Ort und Stelle geblieben, was sie wohl ihrem wenig erfreulichen Aussehen zu verdanken haben. Aber man thut doch dem Cosimo Unrecht, wenn man viele schlechte Erzeugnisse jener Zeit ohne Begründung ihm zuschreibt. Den damals hochgeachteten Künstler beehrte man mit grossen Aufträgen zu Freskogemälden, wo er in etwas günstigerem Lichte erscheint, als auf seinen Tafelbildern.

Was seine künstlerische Entwicklung betrifft, so können wir über die Jugendjahre, die er in der Werkstatt des Neri di Bicci und des Benozzo Gozzoli verbrachte, nichts berichten. Die ersten bekannten Werke, die neuerdings ihm wohl mit Recht zugeschriebenen[1] Decken- und Wandgemälde der Cappella Salutati im Dom zu Fiesole, ca. 1466 entstanden, zeigen, wie auch frühe Tafelbilder, so die heilige Barbara in der Akademie zu Florenz (Abb. 1), ihn in Abhängigkeit von Andrea del Castagno. Es sind klobige, plumpe Gestalten ohne jeden Reiz. Auf der Madonna mit Heiligen von 1471 in Berlin (Abb. 2) will Ulmann in der hellen Tönung den Einfluss des Dominico Veneziano erkennen. Später verlieren die Figuren mehr und mehr an Halt, sie erscheinen mit den Jahren immer kraftloser. So nimmt sich seine Einkleidung des Filippo Benizzi aus dem Jahre 1476[2] in der Vorhalle der Annunziata (Abb. 3) in der glänzenden Folge von Fresken des Andrea del Sarto, Franciabigio, Pontormo, Rossi geradezu dürftig aus. Nicht viel besser sind die Madonna in den

1) Ulmann, Jahrb. d. preuss. Kunsts. 1896, S. 43 Anm. 1.
2) Rumohr, Ital. Forsch. II. 267.   Richa, chiese fiorentine VIII. 180.

Wolken zu Berlin, das Tondo in der Gal. Corsini (Nr. 339), das Heiligenbild in St. Spirito von 1482. Ganz besonders zeigen jedoch die Bilder der letzten Zeit, wie die Krönung der Maria in S. Maria Maddalena dei Pazzi, die Himmelfahrt derselben in St. Ambrogio (nach 1498) und die Madonna mit Heiligen in den Uffizien (nach 1500) (Abb. 4), jene für Cosimo so typischen dürren knochenlosen Gestalten, schlecht gezeichneten Formen und schematischen Gesichter mit langer spitzer Nase.[1])

Abb. 2.   Cosimo Rosselli.   Die Anna Selbdritt mit Heiligen in Berlin.
(Nach einer Photographie von Hanfstängl.)

Der bedeutendste aller Aufträge, welcher dem Cosimo den meisten Ruhm einbrachte, war der des Papstes Sixtus IV. Zusammen mit den begabtesten damaligen Künstlern wurde er ca. 1480 nach Rom berufen, um die Wände der neuen Privatkapelle, der Sixtina, mit Darstellungen aus der Geschichte Israels und Jesu zu schmücken. Wie Hohn klingt es, wenn Vasari in Bezug auf diese Fresken Rossellis, welche die schlechtesten der Folge genannt werden müssen, erzählt: der Papst habe bei der Preisverteilung ihnen den Lorbeer zuerkannt, da die bunten, schillernden

---

1) Das genaue Verzeichnis der Bilder Cosimos folgt im Anhang.

2*

Farben und das reichlich verwendete Gold sein Auge bestochen hätten. Da Piero,
sein Schüler, Anteil an der Ausführung dieser Fresken hat, werden wir später aus-
führlicher auf dieselben zu sprechen kommen.

Weitaus am besten jedoch ist dem Rosselli das 1486 gemalte Fresko mit der
Übertragung des Wunderkelches in der Kapelle von St. Ambrogio zu Florenz gelungen.
Ghirlandajos Formgebung und Kompositionsweise haben da einen recht günstigen
Einfluss auf ihn ausgeübt. Er hat nämlich in die Volksmenge Ordnung zu bringen

Abb. 3.   Cosimo Rosselli.
Einkleidung des Filippo Benizzi in der Vorhalle der Annunziata zu Florenz.
(Nach einer Photographie von Alinari.)

gesucht, indem er immer je zwei oder drei Figuren zusammenfasste. Zudem haben
die Mädchengestalten etwas von der Lieblichkeit der Frauen Ghirlandajos angenommen.
Einige lebendige Männerköpfe scheinen beinahe zu gut für ihn, aber der traurige
Zustand des ganz verräucherten Freskos erlaubt nicht Rückschlüsse zu ziehen auf
eventuelle Mitarbeit von Schülern. — Das Todesjahr des Cosimo Rosselli ist 1507.

b) Jugendwerke Pieros.

1. Conceptio Mariae in S. Francesco auf der Höhe von Fiesole (Abb. 5).

Einen wie wenig günstigen Einfluss Cosimo Roselli auf seinen Schüler Piero
ausgeübt hat, zeigen die ersten Arbeiten desselben.   Wir können da gleich beginnen

mit einem ganz frühen Bilde, das der 18jährige Künstler malte und das sich jetzt im Chor von S. Francesco auf der Höhe von Fiesole befindet.

Die Anordnung und die Darstellung des Bildes sind recht fremdartig. Wie bei der Krönung zerfällt dasselbe in zwei Scenen, eine himmlische und eine irdische. Oben in der Mitte sehen wir auf Wolken sitzend den Gottvater, der in der Linken eine Schrifttafel, in der Rechten einen Stab über die links etwas niedriger in Profil knieende, die Hände anbetend zusammenlegende Jungfrau Maria hält. Ihr entsprechend kniet rechts ein Engel, das Gesicht dem Beschauer zugewendet, mit einer Schriftrolle in den Händen, deren fortlaufendes Band zwei weitere Engel in den Wolken über ihm halten. Ein gleiches Engelpaar füllt die linke Ecke hinter der Maria. Zwei Cherubime rechts und links von Gottvater schauen der Scene zu. Das Sonder-barste ist die untere Hälfte; sechs Heilige mit Schrifttafeln und Bändern sind in einer Weise gruppiert, wie es sonst kaum ähnlich auf gleichzeitigen Bildern zu finden ist. Zwei der Heiligen, rechts Hieronymus, links Franz von Assisi, knieen nämlich in der Mitte auf einem erhöhten, ganz kahlen und hellen Podium; sie disputieren mit-einander. Seitlich von dieser Erhöhung und nur in Kniestück gegeben, stehen rechts in Bischofsornat Augustin und der Mönch Thomas von Aquino, links ihnen entsprechend Bischof Buonaven-tura und Bernhard im Mönchsgewand. Eine von beiden Seiten nach der Mitte hin sich senkende leicht hügelige Land schaft bildet den Hintergrund.

Abb. 4. Cosimo Rosselli.
Die Madonna mit Heiligen in den Uffizien.
(Nach einer Photographie von Alinari.)

Wohl stolz auf dieses sein Erstlingswerk, hat der junge Künstler entgegen der Gewohn-heit seiner Zeitgenossen Namen und Jahreszahl darauf geschrieben. Dasselbe trägt nämlich links unten die Inschrift Pier di Cosimo 1480. Diese Bezeichnung wurde neuer-dings von Ulmann hinter dem Rahmen verdeckt aufgefunden, nachdem sie schon Rumohr[1]) gelesen. Das Bild ist so erst jetzt wieder sicher beglaubigt; bekannt ist es immer gewesen. So erwähnen es Milanesi,[2]) Bandini[3]) und Moreni,[4]) end-lich schon Vasari.[5]) Dieser nennt es ganz richtig eine Konzeption, während alle jene es fälschlicherweise als Krönung bezeichnen. Dass Vasaris Bild mit unserem identisch und hier keine Krönung der Mariae dargestellt ist, geht schon aus dem

1) Rumohr, Italienische Forschungen. II. S. 352.
2) Vas. IV. S. 141 Anm. 3.
3) Bandini, Lettere fiesolane S. 211.
4) Dominico Moreni, Notizie istoriche dei Contorni di Firenze, Parte terza, S. 205 (Firenze 1792).
5) Vas. IV. 141. fece una tavoletta della concezione nel tramezzo della chiesa di San Fran-cesco da Fiesole (jetzt hängt es im Chor), la quale e assai buona cosetta sendo le figure non molto grandi (d. h. nicht in Lebensgrösse).

Inhalte der Inschrifttafeln[1]) hervor, die sämtlich die immaculata conceptio virginis Mariae oder ihre puritas verherrlichen.[2]) Es soll offenbar der Moment gegeben sein, in dem Gottvater sie mit seinem Stabe schafft. Zur Krönung würde doch unbedingt eine Krone gehören.

Dieselbe Darstellung habe ich nur einmal wiedergefunden in einem unangenehmen Bilde von einem Meister der Schule, vielleicht von Granacci. Dasselbe befindet sich unter dem Namen Andreas del Sarto in der Kapelle Bardi, rechts vom Chor von St. Croce in Florenz (Alinari 3974).

Abb. 5.   Piero di Cosimo.   Conceptio Mariae in S. Francesco auf Fiesole.

Was nun die sonderbare Anordnung der Figuren betrifft, so kann man dieselbe keineswegs als gelungen bezeichnen. Freilich einen Gruppenaufbau im grossen Stile

1) So steht auf der Tafel des Franz von Assisi: Conceptionem virginis Mariae celebre.... (celebravi?), auf dem Pergamentstreif des Thomas von Aquino heisst es: Maria ab omni pecore originali et actuali immunis fuit und der Streifen der Engel rechts verkündet: O Virgo benedicta, quae angelos vincis puritatem (puritate) u. s. w.

2) Wir können wohl als indirekten Beweis für unsere Auffassung, dass hier eine conceptio dargestellt ist, anführen, dass gerade die Franziskaner, für deren Kirche in Fiesole das Bild ja gemalt wurde, die Hauptvertreter der Lehre von der immaculata conceptio Mariae waren, welche auf ihre Veranlassung hin 1439 auf der Religionsversammlung zu Basel zum Dogma erhoben wurde. Zudem bewegte damals diese Streitfrage die Gemüter so sehr, dass Papst Sixtus IV., ein Franziskaner, sich veranlafst sah, beide Parteien mit Exkommunikation zu bedrohen, wenn sie die andere Meinung für häretisch erklärten (1483). Es ist daher leicht begreiflich, dass die Franziskaner auch nach einer bildlichen Gestaltung ihrer Lehre verlangten.

konnte man damals noch nicht erwarten, aber sehr geschickt hat er nicht die himmlische und irdische Gruppe in ein Verhältnis zu einander gebracht. Die Erhöhung des mittleren Teiles unten muss als Missgriff bezeichnet werden. Durch die so entstandene vollständige Gleichheit im Aufbau der oberen und unteren Scene, die so immer in derselben Entfernung voneinander bleiben, wirkt die Komposition besonders langweilig.

Nicht viel besser ist die Zeichnung der Figuren, von denen einige stark an Rossellis geistlose Typen erinnern, so besonders die Gesichter des langbärtigen Gott-

Abb. 6. Studie zur Konzeption (Uffizien).
(Nach einer Photographie von Braun, Clément & Cie. Nachfolger, Dornach, Paris, New York.)

vater und des Hieronymus mit den schmalen Schädeln und langen, spitzen Nasen, während die Hände klobig sind. Die ganze Formgebung hat etwas Schwächliches und schülerhaft Ungeschicktes und die Gewänder, wo (wie bei Gottvater) ein schöner und klarer Wurf intentioniert ist, wirken doch matt. Die Mäntel fallen in weiten, wulstigen Falten über die Körper und in langen Zipfeln bedecken sie den Boden.

Aber schon in diesen seinen Jugendjahren hat der strebsame Piero, der offenbar sehr empfindlich die Mängel seines Lehrers fühlte, sich nach einem anderen Vorbilde umgesehen, und dazu wählte er sich keinen anderen denn den gewaltigen Lionardo. In diesem fanden sein phantastisches, sinnendes Wesen und seine freudige Hingabe an die lichte Natur ihren Meister. Es wird jedoch schwer halten den Einfluss dieses Meisters restzulegen, denn leider ist der Erhaltungszustand des Bildes ein sehr trauriger. Nachdem es durch Kerzenqualm ganz verräuchert war, hat man es gereinigt und natürlich mit dem Firniss auch die obersten Farbschichten und Lasuren hinweggenommen. Das Bild ist so zurückversetzt in einen früheren, unfertigen Zustand. Nur ganz im allgemeinen kann man die Farben noch erkennen, sie sind stumpf geworden und tot. Die Vorliebe Pieros für schillernde, violettliche Stoffe und für Grün lässt sich auch hier schon konstatieren. Das Bild, das zudem sehr ungünstig in einem dunklen Raume hängt, vermag absolut keine Anziehungskraft mehr auszuüben. Es ist eben jede Feinheit in der Ausführung, in der Formung, jeder Reiz der Farben verloren gegangen. Schwer hält es daher Rückschlüsse auf das einstige Aussehen und auf die Einwirkungen der Malweise Lionardos auf die Pieros zu machen. Hinzu kommt,

Abb. 7. Studie zu den Heiligen der Konzeption (Uffizien).

dass auch Lionardos Bildwerke aus der Zeit, der Hieronymus im Vatikan, die Anbetung der Könige in den Uffizien und die Madonna in der Grotte im Louvre in unfertigem oder sehr verdorbenem Zustande auf uns gekommen sind. Doch scheinen mir die anmutigen Typen der Engel lionardesk. Besonders in dem knieenden Engel rechts von Gottvater fühlte ich mich an die reizende entsprechende Gestalt auf der Vierge aux rochers erinnert. Die schöne Hand dieser Madonna ist vielleicht vorbildlich gewesen für die Haltung der rechten Hand des Augustin mit den gekrümmten, hellbeleuchteten Fingern vor dunkler Innenfläche, wie auch Lionardos Hieronymus für die gleiche Gestalt Pieros. Am ehesten können wir Lionardos Einfluss in der Führung des Lichtes und der Schatten konstatieren. Die energisch schattenwerfenden einseitigen Lichter gehören ja zu den bedeutendsten künstlerischen Mitteln, deren grosse Wirkung Lionardo[1]) erkannte und die er mit besonderer Vorliebe verwendet hat. Sie haben nämlich eine grosse raumschaffende, dehnende Kraft und durch

---

[1]) Vergl. Lionardo, Trattato della pittura Nr. 120, 103, 135, 84a, 138, 93, 155 der italienischen Ausgabe, 119—124 der deutschen Ausgabe von Ludwig.

die fallenden Schatten und aufhellenden Reflexlichter lösen die Gestalten sich vom Grunde; die Plastik der Einzelfiguren wird erhöht und Luft und Licht fangen an zwischen den Gegenständen zu vibrieren. Offenbar erstrebte Piero ähnliche Lichteffekte und er eifert seinem Meister verständnisvoll nach. Freilich bei dem traurigen Zustande des Bildes ist nichts mehr von alledem zu sehen; man muss es mehr ahnen. Nur die starken Schatten kann man noch erkennen.

Zur letzten Bekräftigung für den direkten Einfluss Lionardos auf Piero können wir noch zwei Zeichnungen anführen, die unter dem Namen Albertinellis sich in den Uffizien befinden. Dieselben haben, wie Ulmann[1]) erkannt, unbedingt als Vorstudien Pieros zur Konzeption zu gelten. Bei der einen (Abb. 6), derjenigen für die obere Gruppe,[2]) ist die Gestalt der Maria stark überarbeitet und an Stelle des Engels kniet eine männliche Gestalt, die der des stark erregten Hieronymus von Lionardo nicht unähnlich ist. Interessanter als dies sehr verwischte Blatt ist das andere mit den sechs Heiligen[3]) (Abb. 7). Dieselben sind hier noch gleichmässiger als auf dem Bilde nebeneinander geordnet. Die Köpfe zeigen auf der Zeichnung tiefere Schatten in den Augenhöhlen und stärkere Betonung der Schläfen, wodurch die Schädelform sehr kräftig zum Ausdruck kommt. Leider scheint auch da eine spätere Hand nachgeholfen zu haben; aber ein Blick auf das Gemälde, besonders auf die Köpfe des Hieronymus und Franziskus lässt uns gleich erkennen, dass auch Piero sich die Auffassung Lionardos zu eigen zu machen strebte. Wie letzterer suchte er durch starke Kontraste in der Beleuchtung der Stirnseite und der beiden Schläfenseiten des Schädels die Energie des Ausdrucks bei den Männertypen zu erhöhen. In diesem Sinne behandelte er besonders die Köpfe der beiden genannten Haupthciligen, ohne jedoch das Ziel zu erreichen. Der Ausdruck der Gesichter ist ein matter, es fehlt ihnen an Kraft der Form und Energie der Linien, wie sie Lionardos Typen zeigen.

Wir kommen damit zur psychologischen Auffassung und müssen gestehen, dass der Künstler, der später so Vorzügliches darin geleistet, hier noch sehr befangen und unbeholfen erscheint. Immerhin lässt sich auch hier Piero schon erkennen, so in der Art, wie er die Heiligen in ruhigen, geistigen Momenten darstellt. Besonders gerne wählte er die Motive des Schreibens und des Lesens. Jenes giebt er bei dem Bischof Buonaventura, dieses — wenigstens auf der Zeichnung — bei Thomas von Aquino. Auch sprechende Personen finden sich hier, wie auf späteren Bildern, aber es gelingt ihm nur das ruhige Reden, nicht das der hohen Begeisterung. Keinem der Heiligen sieht man auf dem Bilde, wo doch die ernste Frage der immaculata conceptio Mariae disputiert wird, irgendwelche Erregtheit an. Er tritt damit in starken Gegensatz zu Botticelli und Filippino.

Was endlich die Landschaft betrifft, so ist von derselben leider nicht mehr viel zu erkennen. Nur in matten, hellen Tönen sehen wir rechts und links weite Hügel, die sich allmählich nach der Mitte zu senken. Hie und da bemerkt man

1) Ulmann a. a. O. S. 46 fgde.
2) Uffizien Rahmen 107, Nr. 552; Braun 3 (Bronzino), Brogi 1819.
3) Uffizien Nr. 555, Braun Nr. 4, Brogi 1717.

3

noch Gestrüpp oder in der Ferne Häuser zwischen Bäumen zerstreut. Jedenfalls lässt sich hier noch nicht der grosse Landschaftsmaler, als welcher er ja später erscheint, erkennen.

2. Teilnahme Pieros an der Ausmalung der Sistina.

Als Cosimo Rosselli sich nach Rom begab, um seinen Teil an der Ausmalung der Kapelle des Papstes zu übernehmen, ging er nicht allein, sondern nahm den jungen Piero mit sich. Da er nun die grosse Begabung dieses, seines Zöglings, erkannte, hätte er, wie Vasari[1]) berichtet, die schwierigsten Sachen, die er selbst nicht bewältigen konnte, ihm zur Ausführung übergeben. Leider können wir am wenigsten in den Figuren der von Rosselli ausgeführten Fresken eine andere, geschicktere Hand erkennen und wir sehen, dass Piero ganz noch unter dem Banne von seines Meisters dürftiger Malweise steht. Die Gestalten tragen fast alle den unschönen Typus Rossellis an sich, sie sind dürr, ungraziös; die starren Hände haben unmässig lange Finger und in den ausdruckslosen, schlecht modellierten Gesichtern sitzt seine spitze, gerade Nase wie aufgeklebt. Die Füsse sind plump und formlos. Bei grosser Ungelenkheit in den Bewegungen zeigt sich auch in der Anordnung der Gewänder, die entweder in steifen Parallelen oder häufig gebrochenen Falten geordnet sind und absolut nicht den darunter liegenden Körper erkennen lassen, keine Spur von Schönheitsgefühl. Am deutlichsten kann man Pieros Hand in dem Nichtfigürlichen, in der Landschaft erkennen.

Prüfen wir die einzelnen Fresken.

a) Predigt Christi (Abb. 8).

Eine Bemerkung Vasaris[2]) giebt uns hier einen Fingerzeig. Piero hätte auf einer jener Fresken, wo die Predigt Christi dargestellt ist, eine Landschaft gemalt, die das Beste auf dem Bilde sei. Bei näherer Prüfung muss zunächst diese Angabe von der Ausführung der schönen Landschaft auf der Bergpredigt äusserst glaublich erscheinen. Während Rosselli seine Hintergründe meist mit Architekturen verbaut oder sogar noch goldene Untergründe giebt (freier Ausblick findet sich nur auf dem Fresko in St. Annunziata und auf dem Tondo in Gal. Corsini), sehen wir hier eine Landschaft sich breiten, die für diesen nüchternen Meister viel zu fein ausgeführt, zu tief empfunden ist. In der Mitte, hinter dem predigenden Christus, erhebt sich ein gewaltiger Bergkegel, von dem herab auf sich weithin schlängelnden Wegen Männer in eifrigem Gespräch herabeilen. Gekrönt ist derselbe von einer Kirche, während zahlreiche Baumgruppen die Abhänge beleben. Von welchem Reize ist es nicht, der leis sich

---

1) Vas. IV, 132, onde aveva cagione di volergli ben grande Cosimo suo maestro, perchè se ne serviva talmente nell' opere sue, che spesso gli faceva condurre molte cose che erano d'importanza, conoscendo che Piero aveva e più bella maniera e miglior giudizio di lui. Per questo lo menò egli seco a Roma, quando vi fu chiamato da papa Sisto per far le storie della cappella.
2) Vas. IV, 132, in una delle quali (storie) Piero fece un paese bellissimo, come si disse nella Vita di Cosimo. Vas. III, 187—188, che è tenuta la miglior cosa, che vi sia un paese bellissimo.

schwingenden Linie, der zarten Silhouette des feinen Laubwerks auf der rechten Seite folgend den steilen Fels herabzueilen in das Thal, aus dem schon die Abenddämmerung emporsteigt? Und wie der Thalkessel auf der andern Seite allmählich ansteigt, wie Wege emporführen und Villen aus dunklen Baumgruppen hervorleuchten, alles das erinnert an die Landschaftsgründe späterer Bilder Pieros. Ja die Ähnlichkeit erstreckt sich bis auf die Wolkenbildungen, die sich unter dem Wehen des Windgottes oben zusammenballen. Auch der linke Teil des Hintergrundes mit der turmreichen Stadt vor den Hügeln in dem wasserreichen Thal, wie der einsame Baum davor sind ganz in

Abb. 8. Cosimo Rosselli und Piero di Cosimo. Predigt Christi in der Sistina.
(Nach einer Photographie von Anderson, Rom.)

der Art Pieros. Spätere Bilder, so das Bild bei Street und die Visitation zeigen manche Analogien besonders im Aufbau der Landschaft und in der Gruppierung der Häuser.

Diese schöne Landschaft ist das Einzige sicher für Piero Überlieferte. Die Mitteilung Vasaris von des jungen Künstlers grossem Ruhm als Porträtist haben wir mit Zurückhaltung aufzunehmen. Wäre damals Pieros Kunst schon so weit fortgeschritten gewesen, so müsste man davon doch auf den Fresken etwas verspüren, denn sicher hat er seinem Meister auch bei der Ausführung der Vordergrundsfiguren Beihilfe geleistet und unter diesen findet sich nichts Besonderes. Sucht man das Beste aus und giebt es dem Piero, so kommt man dazu, die ganze linke Hälfte dieses Freskos, die Predigt Christi ihm zuzuschreiben, wie es Morelli gethan hat. Und in der That im Vergleich mit der rechten Gruppe, wo Christus den Aussätzigen heilt, und mit der Gestalt des predigenden Christus, die, wie jene, deutlich alle Merkmale von Rossellis Stil und seiner dürftigen Charakterisierung zeigen, ist diese Seite besser. Im Gegen-

3*

satz zu jenen steifen Figuren und blöden Gesichtern, ist hier Leben in den Gestalten und Ausdruck in den Gesichtern der bald andächtig lauschenden, bald ernstlich disputierenden Männer und Frauen. Aber nicht nur die tiefere psychologische Auffassung, auch die bessere Ausführung und die kräftigere, einseitige Beleuchtung deuten unbedingt auf Pieros Autorschaft. Mit Recht glaubt Ulmann besonders in dem Porträt Rossellis, das er in dem bartlosen, älteren Mann mit Kappe links hinten vermutet, ferner in einigen Jünglingen daneben, so dem mit roter Kappe und in rotem Wams, endlich in dem vom Rücken gesehenen bärtigen Mann im grünen Mantel und weissen Kopftuch im Vordergrunde, lauter Gestalten, deren Köpfe sich durch bessere Modellierung

Abb. 9. Cosimo Rosselli und Piero di Cosimo. Anbetung des goldenen Kalbes in der Sistina.
(Nach einer Photographie von Anderson, Rom.)

auszeichnen, Pieros Hand zu erkennen. Ferner möchte ich besonders hervorheben die halb von hinten gesehene Gestalt der knieenden Frau rechts zu Füssen des Predigers, dem sie ihr hübsches Profil zuwendet. Der Ausdruck gespannter Andacht ist gut wiedergegeben. Diese einzige Figur löst sich mit ihrem hellbeleuchteten Profil, dem lichtblauen Mantel, dessen schmiegsame, reichfaltige Gewandmassen von den trockenen Faltenlagen der anderen Mäntel gewaltig abstehen, kräftig vom dunklen Grunde. Zudem finden die schlichten, leichtgewellten, das Ohr bedeckenden Haare, die feinen Parallelfalten des einfachen Kopftuches Analogien in gesicherten Bildern Pieros, so in der Maria des Dresdener Tondos. Auch das Kind mit dem Hündchen daneben und die übrigen Frauengestalten mögen von ihm sein; Morelli findet dieselben sogar besonders charakteristisch für Piero.

Noch schwerer als hier hält es bei den anderen Fresken, die Hand des noch unbeholfenen, sich noch an die Manier seines Meisters anschmiegenden Schülers von der seines Lehrers zu scheiden, zumal da letzterer selbst schülerhaft ungeschickt arbeitete.

b) Anbetung des goldenen Kalbes (Abb. 9).

Auf der früher entstandenen Anbetung des goldenen Kalbes wird man ebenfalls die ganze Landschaft dem Piero zuweisen müssen. Freilich ist dieselbe lange nicht von der Vorzüglichkeit wie jene, aber der ganze Aufbau, der steil aufsteigende Fels in der Mitte mit den schönen, vollen Baumgruppen, der Abhang rechts mit den darauf zerstreuten Villen und die in der Ferne sich verlierenden Hügel — alles das weist auf Piero, ebenso wie die isolierte Palme links vor dem Zeltlager und den bewaldeten Höhen. Im Vordergrund vermag ich unter den Figuren nichts Besseres auszuscheiden, aber ich glaube Piero hat den Fussboden da mit Blumen geschmückt; auch den erschreckten Affen, den Pinseltopf und die Katze hat er wohl sicher in launiger Stimmung hingemalt.

c) Abendmahl (Abb. 10).

Am wenigsten kann ich auf dem dritten Fresko, dem heiligen Abendmahl, Pieros Hand finden. Wenn auch zuletzt und mit der grössten Sorgfalt ausgeführt, zeigt es doch am schärfsten all die Schwächen Rossellis. Die ein-förmige Anordnung, die Buntheit der Farben, der mangelhafte Aus-druck, das unwürdige Hervortreten der Nebensachen, der blitzenden Kannen, der sich zankenden Hunde und Katzen, des Koches etc. geben uns von der Heiligkeit des Momen-tes absolut keinen Begriff. Ulmann schreibt freilich dem Piero den zweiten Apostel von Christus rechts zu und die folgenden am rechten Tischende hält er wenigstens für übergangen von seinem Pinsel. Seine Befähigung zum Porträtfach

Abb. 10. Cosimo Rosselli. Das Abendmahl in der Sistina.
(Nach einer Photographie von Anderson, Rom.)

glaubt er in den vier Küchenmeistern bestätigt zu finden. Die Köpfe tragen zwar stark bildnisähnliche Züge, sind jedoch ohne besonderen Reiz. Man glaubte in ihnen fälschlicherweise Porträts von vier in der Sistina beschäftigten Malern wiederzuerkennen.

d) Untergang Pharaos im roten Meere.

Was die Beteiligung Pieros an der Ausführung des Freskos mit Pharaos Unter-gang betrifft, der ja von Vasari auch dem Rosselli gegeben wird, so kann ich da unmöglich den Ausführungen Steinmanns[1] beipflichten. Dieser sucht nämlich den Beweis zu führen, dass die Gruppe der Juden von Pieros Hand ist. So glaubt er in zwei der Gepanzerten die Bildnisse des Virginio Orsino und des Ruberto Malatesta

1) Jahrb. der preuss. Kunstsamml. 1895 S. 176 — 197. Auch Schmarsow (Melozzo da Forli, S. 218) schreibt die Gruppe der Juden dem Piero zu.

und zwar irrtümlicherweise von Pieros Hand wiederzuerkennen, entsprechend einem Berichte Vasaris.[1]) Derselbe schreibt nämlich, dass der junge Piero, schon damals als Porträtmaler sehr geschätzt, viele Porträtaufträge hochgestellter Persönlichkeiten bekam; unter diesen seien besonders die Bildnisse des Verginio Orsino und des Roberto Sanseverino zu erwähnen, welche er auf diesen Fresken anbrachte. Den doch schon älteren Mann mit der Kappe links hinter Moses hält Steinmann für ein Selbstporträt des Meisters, der damals kaum das 20. Jahr überschritten hatte. Ulmann hat inzwischen in seinem schon erwähnten Artikel[2]) überzeugend nachgewiesen, dass Vasari einen Irrtum begangen und nicht Pharaos Untergang, sondern die Anbetung des goldenen Kalbes das dritte Werk Rossellis ist. In der That weisen die Typen der Gesichter wie die Ausführung jenes Freskos auf die Schule Ghirlandajos und zwar glaubt Ulmann in Benedetto Ghirlandajo den wahren Autor gefunden zu haben. Wir verweisen auf Ulmanns Ausführungen und verzichten auf eigne Beweisführung oder Wiederholung des Gesagten.

Mir scheint die Ausbeute, welche diese Fresken miteinander für das Charakterbild Pieros abgeben, höchst dürftig. Viele dieser Zuschreibungen sind zum mindesten zweifelhaft und man möchte sie gerne fast alle missen, da sie nicht gerade eine glänzende Einleitung zu dem Lebenswerk des Künstlers geben. Freilich erscheint er schon als Landschaftsmaler in recht günstigem Lichte. Seine Porträttypen und die Formengebung sind jedoch leider stark von Rossellis Weise beeinflusst, so sehr, dass man Mühe hat, hie und da eine eigene Individualität zu erkennen.

Im ganzen sind daher die Leistungen Pieros im Fresko sehr tief zu setzen. Die Natur hatte ihn überhaupt nicht beschenkt mit dem Sinn für grosse Figurenkomposition und zudem war er nichts weniger denn Schnellmaler. Wir werden im folgenden sehen, wie seine Begabung bei seinem grübelnden, sinnenden Wesen auf genau überlegte Durchführung ging. Nur dann, wenn er sich Zeit nehmen und mit Liebe die Natur studieren, das Einzelobjekt sorgsam ausführen konnte, hat er Beachtenswertes geschaffen.

---

1) Vas. IV. 132. Da Vasari dieses Fresko für eine Arbeit Rossellis hielt, so ist es sehr wohl möglich, dass er bei Nennung dieser Namen zwei der Bepanzerten gemeint hat. Steinmann hält nun Ruberto Sanseverino für einen Irrtum Vasaris und setzt dafür Ruberto Malatesta, dessen Porträt er in dem kräftigen Gesicht des hintersten Gepanzerten wiedererkennen will.

2) a. a. O. S. 54 fgde.

II. Entwicklung eines eignen Stiles.

Von diesen ersten Äusserungen Pieros wenden wir uns einer Gruppe von Werken zu, in denen wir seine Persönlichkeit sich allmählich frei machen, sein Können sich entfalten sehen. Wir treten damit in eine sehr bewegte Zeit des jungen Malers, wo beinahe jedes neue Bild uns Überraschungen bereitet. Danach zu urteilen scheint er die Werkstatt seines Meisters, der ihm so wenig bieten konnte, sehr bald verlassen zu haben. Bald eilt er hinaus in die Natur, sie wieder und immer wieder durchforschend, bald stürzt er sich in den Strom des auf- und niederwogenden Künstlerlebens und studiert die um ihn entstehenden Kunstwerke. Er arbeitet, probiert, ahmt nach. Seine Natur ist empfänglich für fremde Eindrücke, seine weiche Seele modelt sich leicht nach denselben. Diese Schwankungen währen lange, bis er endlich eine eigne, sein Wesen am besten wiedergebende Kunstsprache gefunden. Dieser Weg zu seiner künstlerischen Höhe, dieser Zickzackpfad zum Gipfel wird uns manchen interessanten Ausblick gewähren, bevor wir die freie weite Fernsicht auf hoher Warte erreichen.

Die Reihenfolge, in der wir nun die Bilder behandeln, kann bei den ungünstigen Verhältnissen nur ganz im allgemeinen massgebend sein. Leider fehlt es ja zur Zeitbestimmung an jedem festen Anhalt. Hinzu kommt, dass die Verschiedenheit der Arbeitsweise Pieros, der bald sorgfältig und sehr langsam, bald allzuschnell und flüchtig schaffte, die Ordnung seiner Werke noch erschwert. Zunächst behandeln wir einige Bilder, deren Technik noch mehr an die ältere Florentiner Art erinnert. Dann folgt eine Gruppe von Gemälden, bei denen das Bestreben des Künstlers nach Vervollkommnung der malerischen Technik stark hervortritt und sich seine künstlerische Eigenart kräftig entwickelt.

3. Venus und Mars, Berlin (Abb 11).

Das Bild, welches vielleicht noch das Meiste von der Art Cosimos hat, ist die Längstafel mit Venus und Mars in Berlin. Dasselbe dürfte identisch sein mit dem von Vasari[2]) als in seinem Besitze befindlich erwähnten Gemälde.

Auf einer Wiese sehen wir rechts Mars, mit einem bunten Hüfttuch bekleidet, schlafend liegen. Die Venus ihm gegenüber, ebenfalls fast nackt, ist eben erwacht und blickt hinüber zu dem Langschläfer. An ihre linke Seite, von ihr gehalten, lehnt sich der kleine Amor mit einem

---

1) Jahrb. d. preuss. Kunstsamml. 1896 S. 54 fgde.
2) Vasari IV. 140.

Kaninchen. Er schaut zu ihr auf und sie weist auf den Kriegsgott. Rechts und links am Rande wachsen Myrtensträuche, weiter hinten, über die Wiese hin, spielen kleine Amoretten mit den Waffen des Mars. Felsen und dunkles Gestrüpp, in der Ferne ein See und Berge unter blauem Himmel bilden den Hintergrund. Vorn rechts sehen wir noch eine schimmernde Armschiene und ein sich schnäbelndes Taubenpärchen.

Mit diesem Bilde betreten wir ein Stoffgebiet, auf dem Piero ganz Hervorragendes geleistet hat. Es ist das des mythologischen Genres, welches erst im ausgehenden XV. Jahrhundert in den Darstellungskreis der bildenden Kunst gezogen wurde.

Aber nicht etwa die Renaissance der antiken Kunst war die erste Triebfeder zu dieser Erweiterung des Stoffgebietes, sondern der Kultus der Antike in der Poesie. Lange bevor man anfing die antiken plastischen Werke als Vorbilder zu studieren, hatte die Wiederbelebung der Antike in der italienischen Dichtkunst begonnen.

Abb. 11. Piero di Cosimo. Venus und Mars, Berlin.
(Nach einer Photographie von Hanfstängl.)

Das war zunächst ein phantastisches Nachdichten, wobei die lateinische Lyrik und das Märchenepos des Ovid vorbildlich waren. Unter all den glanzvollen Fürstenhöfen Italiens, welche zu Schauplätzen prächtiger Festspiele wurden, war besonders der Hof des Lorenzo il Magnifico zu Florenz der Sammelpunkt der bedeutendsten Poeten. Neben dem Fürsten Lorenzo selbst sind Luigi Pulci und Polizian wohl die berühmtesten Namen. Des letzteren Festgedicht auf ein von Giuliano de' Medici veranstaltetes Turnier (1476) „La Giostra", gab dem Botticelli Anregung und Stoff zu mythologischen Darstellungen. Eben dadurch, dass diese Dichtungen und die in denselben behandelten antiken Stoffe auch die Phantasie des bildenden Künstlers anregten und zur Darstellung reizten, gewannen dieselben hohe Bedeutung und wurden fruchtbringend für die Entwicklung der Kunst. Es breitete sich ein weites, noch unbebautes Feld vor dem Auge des Künstlers. Die Götter- und Heldensagen der Alten boten die nackte, menschliche Figur, die reine unverhüllte Form des Körpers in einer reichen Fülle von Gestalten. Natürlich kam die Gelegenheit da nur einem immer stärker werdenden Bedürfnis entgegen oder man wird wohl besser sagen, wäre das Bedürfnis nicht vorhanden gewesen, so hätte man auch die Gelegenheit nicht wahrgenommen. Es war mehr Mittel zum Zweck, wenn man jene Stoffe wählte; es reizte die Künstler, endlich in ungebundener Freiheit schaffend, ohne gegen die Konvention zu verstossen, die reine sinnliche Erscheinung in allen ihren Reizen, in den verschiedensten Stellungen wiedergeben zu dürfen. Die Darstellungen haben denn auch nichts von antiker Art. Es haben noch keine antiken Statuen Modell gestanden. In den Bildern, von denen wir reden, offenbart sich noch die ganze glückliche Naivität und Einfachheit des Quattrocentisten. Der Künstler greift noch in seinen eignen Busen, schöpft noch aus eigner Phantasie.

Die auf dem neuen Stoffgebiet noch nicht heimischen Künstler wählten natürlich zunächst einfachere Situationen, in Ruhe oder geringer Bewegung befindliche Einzelfiguren. Piero giebt hier zwei liegende Gestalten. Venus und Mars sind es, die da im Freien hingestreckt liegen. Angeregt zu dieser Darstellung wurde des Künstlers Phantasie höchst wahrscheinlich durch den ersten Gesang von Polizians „La Giostra", wo ähnliche Situationen geschildert werden. Mars ist eingeschlafen und Venus freut sich über den gesunden Schlaf ihres Geliebten, hinten spielen Amoretten mit den Waffen des Kriegsgottes. Wie bedeutend durch dieses kleine

Abb. 12. Botticelli. Venus und Mars, Nationalgalerie London.

Idyll das Stoffgebiet der bildenden Kunst erweitert wurde, zeigt dieses Bild. Sind an sich liegende Figuren vorher höchst selten zu finden, so ist die Art, wie sie hier gegeben sind, besonders interessant. Es sind zwei Motive des Liegens in einer männlichen und einer weiblichen Gestalt dargestellt. Da ist zunächst die Göttin der Schönheit, nackt in einer mehr sitzenden Stellung; der Oberkörper ist halb erhoben und gestützt auf den rechten Ellenbogen, der Kopf ist aufgerichtet. Im Gegensatz zu ihr ist die ganze Gestalt des Mannes hingestreckt im gliederlösenden Schlaf und der Kopf ist auf ein Kissen gesunken. Die Muskeln sind schlaff, die Arme liegen matt da. Aufmerksam muss besonders gemacht werden auf die feine Kontrastierung in der Stellung der Beine bei Venus und Mars. Bei jener sind sie einfach hintereinandergelegt, bei diesem liegt das eine Bein über dem andern. Es sind hier damit jene zwei Motive gegeben, die bei den Venusgestalten der venezianischen Kunst des Giorgione, Tizian und Palma Vecchio so grosse Rolle spielen und in so vielen feinen Nüancen immer und immer wieder dargestellt werden. Jenes Motiv erscheint als das frühere, dieses als das spätere.

Ist nun das Bild durch das doch neue Problem des Liegens einer nackten und zwar schlafenden Figur[1]) im allgemeinen wichtig für die florentinische Kunst, so wird

---

1) Der schlafende Adam von Verrocchio in Berlin ist eine der wenigen ähnlichen Figuren aus jener Zeit (plastisch).

4

es für uns zur Erkenntnis der Eigenart Pieros besonders interessant dadurch, dass wir von Botticelli dasselbe Thema behandelt finden auf einer Längstafel in der National-galerie zu London (Nr. 915) (Abb. 12). Daher erschien uns dieses Bild Pieros, der so hier in Wettbewerb mit einem der bedeutendsten Meister des Quattrocento tritt, ausserordentlich geeignet, an die Spitze dieses Kapitels gestellt zu werden, zumal da noch viele jugendliche Ungeschicklichkeiten hervortreten. Ein Vergleich der Tafeln der beiden Florentiner wird uns interessante Einblicke in das Temperament der beiden Künstler gewähren und klar zeigen, wie hier Pieros Eigenart schon deutlich und klar hervortritt. Die Entlehnungen, die bei der grossen Gleichheit der Anord-nung es wahrscheinlich machen, dass das eine Bild für das andere vorbildlich[1]) gewesen ist, sind nur äusserer Art, sie beschränken sich auf die Komposition im allgemeinen. Hier wie dort liegen beide Figuren sich gegenüber, beide parallel zur vorderen Randlinie. Die Köpfe der liegenden Gestalten sind mehr oder weniger erhoben und hinter ihnen wächst dunkles Myrtengestrüpp auf, das jedoch nach der Mitte hin sich öffnet und einen Durchblick gewährt. Aber welch gewaltiger Gegen-satz in der Ausführung, in der Auffassung. Trotzdem beide Künstler in derselben Umgebung aufgewachsen, auf demselben Boden schufen, lassen sich kaum grössere Gegensätze denken. Da kann man wieder den gewaltigen Einfluss des persönlichen Temperaments auf die Ausdrucksweise erkennen.

Dem Botticelli ist es in der Hauptsache zu thun um die kraftvolle Wiedergabe psychologisch interessanter Zustände des Menschen und zwar mit zeichnerischen Mitteln. Es reizt ihn sehr den Schlaf in der müde dahingesunkenen Gestalt des kräftigen Schlachtengottes möglichst klar zum Ausdruck zu bringen. Besonders durch die Lage des Körpers sucht er das zu erreichen. Der Kopf ist zurückgesunken, der Mund öffnet sich leicht, um den Atem herauszulassen und die breite Brust glaubt man auf- und abwogen zu sehen; der Leib ist eingesunken und der rechte Arm liegt schlaff über den Schenkeln; die Hand des linken Armes, auf dessen Ellen-bogen er sich stützt, hängt herab; der rechte Fuss ist rein mechanisch angezogen und über den andern gesetzt. Aus allen Bewegungen spricht schlummernde Kraft. Die keusch verhüllte Gestalt der Venus, die den gesunden Schlaf des Kriegsgottes freudvoll beobachtet, ist ein glücklicher Kontrast und die fliessenden Linien des Gewandes der Liebesgöttin wirken reizvoll im Gegensatz zu der Energie der Linien-führung beim Mars. Vorzüglich in der Lebhaftigkeit der Bewegung sind die Amo-retten, welche mit den Waffen des Kriegsgottes spielen. Hier scherzt der ernste Botticelli einmal.

Wie ganz anders ist die Ausführung bei Piero. Zunächst ist nichts von jener Kraft der formalen Auffassung zu finden. In formaler Beziehung bleibt er weit hinter Botticelli zurück, dieser ist der ältere, gewandtere und bedeutendere Künstler. Die Zeichnung der Figuren ist im Vergleich zu Botticellis kräftiger Linie schwächlich. Piero, der die Venus auch fast nackt, nur mit einem Schleiertuch bekleidet giebt, wendet bei beiden Körpern in etwas ungeschickter Weise die Breitseite nach vorn,

---

[1]) Es erscheint uns ziemlich schwierig festzustellen, welches Bild das erste gewesen ist. Jedes der Bilder ist so ganz durchdrängt von der Natur des Künstlers, dass wir diese Frage nicht lösen können, die Beantwortung derselben jedoch auch für wenig bedeutsam halten.

wohl deswegen, weil der flach aufliegende im Profil gesehene Körper wegen der starken Verkürzungen schwerer zu zeichnen ist und ja überhaupt die naive Vorstellung sich an die einfachsten und klarsten Ansichten der Dinge — für die Brust ist es die Vorderansicht — hält. Die Einzelformen sind schlecht, unsicher gezeichnet und nicht gut durchmodelliert. Sie erscheinen ungeschickt und weichlich. Alles andere eher als die Gestalt des Kriegsgottes würde man in diesem noch nicht ausgewachsenen Jüngling vermuten. Auch die Venus ist nicht gerade verlockend, eine sehr wenig schöne Liebesgöttin, bei der die Wiedergabe des Körpers besonders misslungen erscheint, weil infolge der Drehung in den Hüften der Leib hässlich herabhängt. Aber gerade diese ungeschickte, aber keusche Seitwärtswendung des Unterkörpers der Venus, ferner noch andere altertümliche Posen, wie die steifen, eckigen Handbewegungen tragen viel dazu bei, den Eindruck des Naiven in uns zu erhöhen. Das veranlasste mich denn auch das Bild so früh anzusetzen; nur ein jugendlich unbefangener Künstler konnte solches schaffen.

Spricht aus dem Werke auch nicht jene Kraft Botticellis, sind die Figuren auch nicht von der Gewalt und Grossheit der Gestalten jenes, so strahlen um so mehr fröhlicher Sonnenschein und die ganze Harmlosigkeit der Jugend aus ihm. Das ist ein heiteres Idyll von einer Lieblichkeit, innerlichen Anmut, wenn ich so sagen darf, wie sie wenig Gemälde jener Zeit aufzuweisen haben. Zudem hat man hier die Empfindung, dass das Figürliche und Landschaftliche wirklich zusammengedacht sind. Was das für die damalige Zeit bedeutet, weiss jeder, der einigermassen vertraut ist mit der florentiner Kunst. Es beherrscht den Künstler offenbar ein bestimmtes sehr auf das Malerische gerichtetes Gefühl. Es muss als ein bedeutender Fortschritt zum Malerischen hin bezeichnet werden, dass er den Raum mehr dehnt. Piero trennt nicht nur die beiden Figuren voneinander, sondern schafft auch Raum nach der Tiefe. Er schiebt den Mars zurück, geschickt mit der glänzenden Armschiene und dem reizenden Taubenpaar vorn den Platz füllend. Dem Bilde Botticellis gegenüber ist die Weitung des Grundes eine wahre Befreiung; das Auge gleitet leicht über die Wiesen dahin in die Ferne, wo neben dunklem Felsgestein und Myrtengestrüpp die blau schimmernde Wasserfläche eines Sees unter blauem, klaren Himmel hervorleuchtet. Schiffe beleben das Wasser und Baumgruppen beschatten die Ufer, während weiter hinten am Horizont blaue Berge sich hinziehen. Alles erleuchtet strahlender Sonnenglanz. Der junge Künstler hat seine Freude an der Wiedergabe schillernden Metalls, bunter Blumen, saftiger Wiesen, auf denen hinten die reizenden Amoretten mit den Waffen spielen oder fröhlich tanzen. Diese kleinen lebhaft bewegten Figürchen sind ebenso hübsch wie der Amor vorn, der neckisch zur Venus aufschauend sie auf den Langschläfer weist. Der Tierwelt ist er mit besonderer Liebe zugethan; da giebt er das Kaninchen zur Seite Amors, an dessen Hand es schnuppert, das sich schnäbelnde Taubenpärchen, einen bunten, roten Schmetterling am rechten Knie der Venus und sogar eine Fliege am roten Kissen des Mars.

Wir haben nun noch zu sprechen von der technischen Ausführung des Bildes. Die Malweise ist noch die alte Temperatechnik, wodurch ich natürlich in der Ansicht, dass hier ein Frühwerk des Künstlers vorliegt, nur bestärkt werde. Die ihm zu Gebote stehenden technischen Hilfsmittel sind noch recht geringe. Von einer feinen Durchmodellierung der Fleischteile ist keine Rede. Beim Körper der Venus meidet er starke Schatten und stimmt das Incarnat matt rosa, während der leicht grünlich getönte Körper des Mars mehr aufgesetzte Lichter und kräftigere Schatten zeigt. Die bunten, hellen Farben (ein scharfes Rot im Kissen des Mars, ein helles Rosa des Hüfttuches, ein dunkleres Violett des Tuches, auf dem er liegt und ein Hellorange des Kissens der Venus) entstammen noch den Farbtöpfen seines Lehrers. Allein wenn auch die Farben noch nicht von späterer Leuchtkraft sind und jene feinen Farbkompositionen noch fehlen, so finde ich doch die Art, wie das Gestrüpp, die Felsen, die Bäume in die blaue Luft stehen, die Menge reizvoller Motive so durch und durch empfunden, dass ich das Bild trotz mancher Mängel manch anderem vorziehe.

Von dem hellen Sonnenglanze war schon die Rede; Piero kennt nicht nur die gewaltige raumdehnende Kraft des Lichtes, sondern er weiss auch genau, wie sehr starke Kontraste und tiefe Schatten zur Lösung der Figuren vom Boden beitragen. Bei der Venus kommt das besonders zur Wirkung; ihr Oberkörper, der sich schon kräftig von dem dunklen Myrtengestrüpp abhebt, wirft den Schatten hinten auf das Kissen, wodurch wir erst zur Einsicht kommen, dass sie sich schon erhoben hat. Auch das Taubenpärchen, die Armschiene etc. zeigen diese malerischen Effekte klar. Endlich möchten wir noch auf die feine Luftstimmung aufmerksam machen und darauf hinweisen, wie schon in richtiger Berechnung der Luftperspektive die kleinen Figürchen im Hintergrunde matter im Tone gehalten sind. Dass diese kleinen Gestalten so zurück in die Ferne geschoben sind, ist überhaupt als ein Vorzug gegenüber dem Bilde Botticellis, auf dem sie jeden Ausblick verdecken, zu bezeichnen. Alles das sind malerische Finessen, die, wenn auch nicht gerade auf schon weit vorgeschrittenes Können, so doch auf ein feines malerisches Gefühl und eine intime Beschäftigung mit den optischen Erscheinungen der Natur deuten.

4. Porträt der Simonetta Vespucci in Chantilly (Abb. 13).

Im Anschluss an dies Venusbild wollen wir ein Bild besprechen, das eine Zwischenstellung gewissermassen einnimmt zwischen dem reinen Porträt und dem mythologischen Genre.

Dargestellt ist das Profilbild eines entblössten jungen Mädchens vor offener Landschaft, unter den Brüsten abgeschnitten. Eine grün- und gelbschillernde Schlange windet sich um eine goldene Kette, die als Schmuck des schlanken Halses auf die Brust fällt. Während der zarte Busen mit den etwas tiefen, noch unentwickelten Brüsten von einem orientalischen Shawl umwunden vor flüchtig skizzierter Landschaft steht, ist dem feinen Profil des jugendlichen Gesichtes ein dunkler Wolkenhintergrund gegeben. Die vollen, blonden Haare, aufgebunden in viele, verschlungene Zöpfe, sind reich durchzogen von schillernden Perlenschnüren und geschmückt mit Broschen und bunten Edelsteinen. Unter dem Bilde steht die Inschrift:

Simonetta Januensis Vespucci.

Das Bild befindet sich augenblicklich in der Galerie des Duc d' Aumale zu Chantilly, wohin es aus dem Besitz des verstorbenen Louvre-Direktor Reiset, der es aus der Casa Vespucci erworben hatte, gelangte.

Wir bezeichnen es am besten als Idealporträt, denn die dargestellte Person wird in aussergewöhnlichen Umständen vorgeführt. Es ist durch die Inschrift bezeichnet als das Porträt der Simonetta Vespucci, der Geliebten Giulianos de' Medici, die ihren zahllosen Bewunderern zu früh, erst 23jährig durch den Tod entrissen wurde. Damals, 1476, zählte Piero, der Autor des Bildes, erst 14 Jahre, so dass das Porträt nicht nach dem Leben aufgenommen sein kann. Vielleicht hat dem Künstler ein früheres Porträt, eine Medaille oder die Totenmaske vorgelegen, viel-

Abb. 13. Piero di Cosimo. Porträt der Simonetta Vespucci in Chantilly.
(Nach einer Photographie von Braun, Clément & Cie., Dornach.)

leicht jedoch ist es auch als reines Idealporträt der vielfach besungenen Schönen, deren Name damals gewiss in aller Munde war, von dem phantasievollen Jüngling ausgeführt. Wenn er dieser zarten Mädchenbüste um den feinen, schlanken Hals eine Schlange sich ringeln lässt, so wissen wir nicht, ob dies tieferen Sinn haben soll. Die Schlange ist ein Abzeichen der Klugheit, jedoch auch das Attribut der Cleopatra. Es entspräche ganz jener phantastischen Annäherung an die Antike, dass die Angebetete so mit der vergötterten antiken Schönheit identifiziert wird. Nimmt man diese Idealisierung als Cleopatra an, so kann das als neue Bekräftigung für die Autorschaft Pieros angeführt werden. Vasari[1]) spricht nämlich am Schluss der Biographie Pieros von einem sehr schönen Kopf einer Cleopatra, um deren Hals sich eine Schlange winde. Früher vermutete man bald in unserem, bald in einem Frankfurter, Berliner oder Florentiner Profilkopf das von Vasari erwähnte Porträt der Simonetta von der Hand Botticellis. Die Ehre gerade dies Porträt der von Polizian vergötterten Schönheit uns vor die Augen zu führen, hat man heutzutage keinem der Bilder gelassen. Das unsrige ist von Botticelli ebensowenig wie von einem der Pollajuoli, was immer noch einige Kritiker glauben. Der wahre Autor, Piero di Cosimo, wurde zuerst von Frizzoni[2]) erkannt.

Übrigens hat es stilistischer Merkmale, die für Piero sprechen, genug. Noch oft werden wir ähnlichen Profilen auf später zu besprechenden Bildern begegnen. So zeigen die Maria auf der Visitation, zwei Nymphen auf dem Hylasbilde, die Katharina auf der Tafel im ospizio degli Innocenti verwandte Typen mit der wenig schönen, vorne etwas dicken Nase, den jugendlich vollen Lippen, den weit zurückgekämmten Haaren, so dass die Stirne frei wird, und dem kräftigen Kinn u. s. w. Auch die hügelige Landschaft mit den bald belaubten, bald kahlästig in die Luft ragenden Bäumen vor ferner Stadt mit dem Turme, der an die Signoria erinnert, ist in der Art Pieros, wie auch das Tuch und die Musterung desselben.

Ein Vergleich mit einigen der besten Frauenbildnisse in Profil aus damaliger Zeit wird am besten die ganze Originalität Pieros zeigen. Man hatte eine besonders grosse Vorliebe für die Seitenansicht bei Frauenbildnissen. Entsprechend dem Geschmack jener empfindsamen Zeit reizte die Künstler die feine Profillinie ebenso wie die schattenlosen, hellen Flächen der direkt vom Lichte getroffenen Gesichter schöner, junger Frauen. Es ist da vorzügliches geschaffen. So ist die Feinheit der malerischen Ausführung jener beiden zarten Mädchenbildnisse[3]) bei Poldi Pezzoli in Mailand und in Berlin unerreicht, wo der Glanz des Carnats herrlich steht vor dem blauen, leuchtenden

---

1) Vas. IV. 144 . . . una testa bellissima di Cleopatra con uno aspido avvolto al collo, als im Besitz des Francesco da Sangallo erwähnt. Freilich muss es sonderbar erscheinen, dass Vasari nichts von der Unterschrift erwähnt. Er, der ja besonders die beiden von Botticelli ausgeführten Porträts der Bella Simonetta anführt, hatte das sicher nicht vergessen. Wenn man die Frage zuspitzt, so muss man die eine jener Vermutungen aufgeben: entweder haben wir hier das Bildniss der Simonetta vor uns und Vasari hat dasselbe gar nicht gesehen, oder es ist jene vom Biographen erwähnte Cleopatra und die Unterschrift ist später erst darauf gesetzt. Ulmann erklärt sich unbedingt für letzteres. Wir wollen an der Tradition nicht rütteln, zumal da der Kopf aus der Casa Vespucci stammt, bevor wir nicht sichere Beweise für die Fälschung der Lettern haben. Es würde übrigens nicht viel an der Sache geändert, denn ein nach der Natur aufgenommenes Bildnis haben wir ja doch nicht vor uns. Es bleibt immer ein Idealporträt, welches uns jedenfalls das in der Simonetta vielleicht am vollkommensten verkörperte Frauenideal jener Zeit vorführt.

2) Frizzoni, l' arte ital. S. 249 f.

3) Mir scheint es zweifellos, dass beide Bilder ferraresischen Ursprungs sind. Piero della Francesca ist viel trockner in seiner psychologischen Auffassung und nie finden sich von ihm Köpfe von solcher Frische.

Himmel. Hier wird zum erstenmale vielleicht ein fast eintöniger, farbiger Hintergrund — nur duftiges Gewölk belebt ihn leicht, keine Landschaft wird sichtbar — zur Hebung der Leuchtkraft des Carnats gegeben. Schillernde Perlenschnüren um den schlanken Hals, in dem lichtblonden Haar, dunkle Augen und die prächtigen Farben des Gewandes geben den Bildern noch besonderen Reiz. Weniger vornehm und delikat in der Zeichnung und ganz ohne jene entzückende Frische des Ausdrucks, aber von gutem Kolorit ist das Porträt der Battista Sforza von Piero della Francesca in den Uffizien. Auch hier steht der Kopf vor wolkenlosem Himmel, aber weiter unten belebt eine hügelige Landschaft den Grund.

Lange nicht auf gleicher Höhe der malerischen Ausführung steht das was uns von Florentiner Leistungen derart erhalten ist. Leider sind fast alle diese schlecht gemalten Profilköpfe, die bald Simonetta, bald Lucrezia Tornabuoni genannt werden, sehr verdorben. Es lohnt sich gar nicht sie zum Vergleich heranzuziehen. Pieros Bild ist das einzige, welches eine Zusammenstellung mit jenen verträgt. Es zeigt uns die Eigenart des Künstlers sowohl, wie des florentiner Temperamentes gegenüber jenen Malern aus den Bergen. Er sucht kräftigere Effekte. Den Hintergrund gestaltet er recht unruhig, er skizziert ihn ganz leicht in grauen Farben. Nur hier und dort blitzt ein Licht auf. Den düster sich zusammenballenden Wolkenmassen giebt er einen kaltblauen Ton. So wird dem hellen Carnat ein koloristischer Kontrast gegeben, der noch erhöht wird dadurch, dass die äussere Linie des Gesichtes und Halses besonders hell getönt auf dunklem Grunde steht. Die Unruhe im Bilde ist ebenso echt florentinisch, wie der lebhafte Ausdruck des staunend etwas nach oben gerichteten Blickes.

Darin, dass er seinem Phantasiegebilde fast einen erregten, schwärmerischen Zug giebt, berührt er sich mit Botticelli und Filippino. Aber es findet sich in dem jugendlich zarten, jedoch frisch in die Welt hinausblickenden Kopfe nichts von der übertriebenen Vergeistigung, wie sie die Gestalten Filippinos und des älteren Botticelli zeigen. Mit einem feinen Cassone des ersteren Künstlers, das sich in der gleichen Galerie[1]) wie das Bild der Simonetta befindet, kann man es gut vergleichen. Auch in der räumlichen Disponierung erscheint Pieros Bild echt florentinisch quattrocentistisch, so in dem schmalen, gestreckten Format und in der Art wie der Rand des Bildes altertümlich dicht über dem Kopf hinläuft. Was den Hintergrund des Bildes betrifft, so geht er doch schon über die Gewohnheit der Florentiner um 1480 hinaus. Er giebt eine freie Landschaft, während andere Künstler Interieurs im besten Falle mit einem Fenster, das Ausblick in die Landschaft gewährt, vorzogen.

Ferner zeigt er sich als origineller, schon vorgeschrittener Künstler in der Art, wie der bunte Shawl leicht um die Schultern und die zarte ziemlich tief sitzende Brust geworfen ist. Unerreicht jedoch von seinem Zeitgenossen in Florenz ist die Feinheit der koloristischen Empfindung. Vorzüglich ist, wie bei der Mattigkeit, Farblosigkeit der übrigen Töne, der Glanz des kräftigen Grüngelb — des einzigen glänzenden Farbtones im Bilde — bei der sich um die schillernde Kette ringelnden Schlange aus dem Bilde herausleuchtet. Es ist ferner sehr fein, wie er die leichten

---

1) Galerie des peintures au musée de Chantilly, par Gruyer, Bd. I (Paris 1896, beide Bilder sind in feinen Heliogravüren von Braun & Co. abgebildet).

Schatten der sich schlängelnden Viper benutzt, um die zarte Plastik der jugendlichen Brust zur Erscheinung zu bringen. Er wendet da schon ein Kunstmittel an, das Grössere, wie Perugino (bei dem Frauenbildnis in der Tribuna, das dem Raffael zugeschrieben wird), wie Raffael (bei der Donna gravida) und Tizian (bei der Bella) nicht verschmähten.

Mit grosser Sorgfalt ist endlich die Haartracht ausgeführt, die wohl als ein Meisterstück der Haarfrisur jener Zeit gelten kann. Sie ist von einer Pracht, wie ich sie nie wieder auf gleichzeitigen Bildern gefunden. Das in vielen Zöpfen oft verschlungene Goldhaar ist reich durchzogen von feinsilbrig, mattschimmernden Perlschnüren. Geschmackvoll sind hier und da grössere Perlen, Diademe, Rubinen und andere Edelsteine eingestreut und auch ein leichter Schleier aus glitzernder Seide fehlt nicht. Fast könnte man versucht sein noch weiter den genauen Berechnungen in der Anordnung der Einzelheiten zu folgen. Das würde jedoch zu weit führen, wir weisen nur zum Vergleich betreffs der Haartracht auf den genannten Kopf eines Mädchen bei Poldi-Pezzoli, besonders auf den Porträtkopf („Lucrezia Tornabuoni") bei Städel und die Büsten des Desiderio da Settignano in Berlin, Florenz u. s. w.

Zur Bestimmung der Zeit, wann Piero dieses Bild gemalt, fehlt es leider, wie so oft, an jedem festen Anhalt. Die etwas kaltblauen Töne in den Wolken, die wenig kräftige Färbung bei dünnem, feinem Farbauftrag, die noch unsichere Formgebung und geringe Rundung weisen auf die frühe Zeit, die ersten achtziger Jahre. Ein Vergleich mit späteren Porträts Pieros macht diese Datierung des Bildes zweifellos. Es mag nicht sehr lange nach dem Venusbild in Berlin entstanden sein.

5. Hylas und die Nymphen bei Mr. R. Benson in London (Abb. 14).

Als drittes und letztes Gemälde dieser Gruppe nennen wir ein sehr interessantes Bild, das sich in englischem Privatbesitz, in der hübschen Sammlung von Mr. R. Benson in London befindet. Ausgestellt wurde es in der New Gallery 1894[1]) und auch schon im Burlington fine art club 1893[2]) und zwar als Piero di Cosimo.

Dargestellt ist die Geschichte, wie die Wassernymphen den schönen Hylas, den Liebling des Herakles, auf blumenreicher Wiese finden. Er liegt in der Mitte des Bildes und ist im Begriff aufzustehen, wozu ihm eine Nymphe behilflich ist, eine andere kniet vor ihm, Blumen ausbreitend. Ferner eilen von rechts und links je zwei Nayaden herbei, ihn anzustaunen oder ihre Geschenke ihm zu überreichen. Eine hübsche buschige Landschaft bildet den Hintergrund. In den Lüften flattern Vögel.

Was den mythologischen Stoff betrifft, so ist zu bemerken, dass dieser alte Mythus berührt wird in Polizians[3] Sylvae und Lorenzos de' Medici Poesie.[4]) Aber ebensowenig wie bei diesen Poeten oder überhaupt bei einem quattrocentistischen Künstler, darf man bei Piero eine „antike" Schilderung des antiken Mythus erwarten.

---

1) New Gallery exhibition. The early italian works 1894 Nr. 84 (photographiert).
2) 118 Lent by R. H. Benson Esq. Hylas and the Water Nymphs by Piero di Cosimo. A very charakteristic work of the master and interesting to compare with the Tondo by the same hand in the Gallery (Bild bei Street).
3) Polizian, Sylvae v. 12.
4) Poesie di Lorenzo de' Medici, ed. Carducci Sonette e Canzone 63.

Er entnahm ihm nur den Stoff und liess dann seiner Phantasie freien Lauf. Nichts weniger denn antik muten uns seine Gestalten an, aber dafür haben sie umsomehr von der Frische und naiven Heiterkeit einer noch unbefangenen Kunst. Ein hübsches schattiges Thal ist es, in dem sich die Geschichte abspielt. Das Gewitter ist vorüber und die schweren Wolken ziehen ab. Vögel flattern fröhlich durch die Luft. Ein lichter Sonnenstrahl bricht durch die Wolken und bestrahlt eine heitere Scene. Hylas erschreckt durch den Anblick der vielen auf ihn zueilenden Mädchen, ist eben im Begriff aufzustehen und es ist der Moment gefasst, wo er sich auf den

Abb. 14.
Piero di Cosimo. Hylas und die Nymphen bei Mr. Benson in London.

rechten Arm stützt und den rechten Fuss anzieht, um sich zu erheben. Eine der Wassernymphen ist herbeigeeilt, ihm dabei zu helfen; seinen linken Unterarm hat sie höchst derb mit der Linken erfasst, während sie mit der Rechten ihm wohl unter den Arm greifen will. (Die Handbewegung ist nicht ganz klar; man könnte auch glauben, dass sie ihm am Hinterkopf hebend nachhilft.) Sie selbst steht breit mit gespreizten Knieen da, während sie sich mit dem Oberkörper zu dem Liebling hinabneigt. Nicht weniger sprechend sind die übrigen Gestalten. Rechts zunächst die Gruppe zweier Nymphen; die eine setzt der andern, welche eben herbeigeeilt ist und erstaunt das Wunderkind anschaut, auseinander, wie sie den Hylas da gefunden. Besonders ausgezeichnet ist die letztere, welche ganz erstaunt sich vorneigt, hinstarrt und in ihrer Erregung all die im Schleier gesammelten Blumen fallen lässt. Die Gruppe links giebt denselben Vorgang mit kleinen Variationen. Hier eilen beide Gestalten mit Geschenken herbei; die eine in Profil trägt einen grossen

5

Blumenkorb auf dem Kopfe und verwundert im Anblick des Hylas zögert sie etwas. Zu ihr wendet sich wie fragend die andere, die äusserst lebhaft herbeieilt mit einem kleinen, netten Hündchen in den Armen. Endlich rechts kniet noch eine Nymphe, ihre Blumen vor dem Angebeteten ausbreitend.

Man beachte überall die Frische der Auffassung, der alles Konventionelle fehlt und die ganz aus der Natur geschöpft ist. Die leicht gekleideten Gestalten bewegen sich sehr frei in der schönen Landschaft, und so flüchtig es auch hingeworfen ist, so verständlich und ausdrucksvoll ist doch jede Bewegung. Es ist sehr schade, dass dies so lebhaft aufgefasste Stückchen Natur mit den heiteren Gestalten verdorben ist und der koloristische Reiz des Bildes in dem jetzigen Zustand fast gleich Null ist. Trotzdem ist das Bild immer noch höchst beachtenswert, besonders wegen der hübsch bewegten Gestalten. Es fehlt ihnen zwar etwas an Eleganz und sie haben nichts von der feinen Grazie der Figuren Botticellis oder Filippinos. Dafür besitzen sie jedoch eine natürliche Lebhaftigkeit und eine kräftige Gebärdensprache, wie sie selten zu finden sind. Deswegen hat das Bild denn auch als höchst bedeutsames Stück in der Folge der Gemälde Pieros zu gelten. Nie wieder hat er, der liebevolle Erzähler alter Mythen, so leicht und frisch geschildert wie hier, nie wieder giebt er eine solche Fülle formaler Motive, von Stellungen aller Art. Zudem ist die Komposition recht geschickt. Weder reiht er die sieben Figuren trocken nebeneinander, noch giebt er einen symmetrischen Aufbau nach der Mitte. Wie von selbst gruppieren sich die Gestalten. Links finden zwei Nymphen sich zusammen, dann folgt nach einem Zwischenraum die Gruppe des Hylas mit der Nymphe, die sich über ihn beugt. Dicht dahinter stehen zwei weitere Nymphen; der Raum, der dadurch entsteht, dass dieselben weiter nach hinten geschoben sind, wird sehr geschickt durch die vorn rechts knieende Nymphe gefüllt. Bis auf letztere sind immer zwei und zwei zusammengefasst. Jedoch isoliert sich keine der Gruppen zu stark. All die formalen Einzelmotive hier aufzuführen, würde zu weit führen. Die Gestalten haben eine ganz andere Gelenkigkeit als auf dem Venusbilde. Besonders hinweisen möchte ich auf das lebhafte Hinüberwerfen des einen Armes und das energische Zurückwenden des Kopfes bei der zweiten Nymphe von rechts und ähnlich bei der zweiten von links. Derartige Motive weisen immer schon auf eine entwickeltere Kunst.

Unmöglich kann das die noch ungeübte Hand eines ganz jungen Künstlers, wie Ulmann meint, gemalt haben. Mit wie leichter Hand scheint alles hingeworfen und so flüchtig es hingemalt scheint, so sehr muss man doch die Feinheit der Lichtführung — von links oben fällt das Licht herab — bei den vielen nackten Körperteilen bewundern. Ich möchte es daher fast noch weiter hinabdrücken, spräche nicht die ganz bleiche Farbe des Carnats dagegen. Später liebt er nämlich immer rötlich oder bräunlich zu untermalen, wovon hier nichts zu finden ist. Ulmann fühlt sich noch stark an die römischen Fresken erinnert, so bei den Nayaden an die Frauen auf der Bergpredigt, beim Hylas an den Knaben mit dem Hunde ebendort u. s. w. Aber man darf bei dem Vergleichen nicht zu weit gehen. Der Erhaltungszustand des Bildes ist ja ein ganz trauriger, so dass es durch sein dürftiges Aussehen einen altertümlichen Charakter bekommt. Da wird man leicht zu falschen Schlüssen geführt. So ist die Heranziehung des Freskos des Cosimo Rosselli in St. Ambrogio durch Ulmann höchst überflüssig.

Das Bild ist entweder nur untermalt gewesen und später von anderer Hand flüchtig vollendet, oder gänzlich verrestauriert. Am schlechtesten sind die Gewänder, bei denen nur ganz leicht die Farben angegeben sind. Jedenfalls jedoch stammt es aus der Werkstatt Pieros[1]) und zwar wird es um 1485 entstanden sein. Wir setzen es hinter das Venus- und Simonettabild entgegen der Meinung Ulmanns, der eigentümlicherweise diese beiden für spät entstanden hält. Mir scheint das Hylasbild manche Berührungspunkte mit noch zu besprechenden Bildern, so mit der folgenden Visitation zu haben. In ihrem bleichen Gesichtstypus, den schweren oberen Augenlidern erinnern mich diese Nayaden an die Maria der Visitation und besonders an die des Bildes bei Street. Über die malerische Ausführung, die nichts weniger denn den Charakter dieser sorgfältig geglätteten Bilder trägt, kann man bei dem schlechten Zustand des Bildes nicht urteilen. Immerhin ist es interessant zu sehen wie bei dem besonders stark verdorbenen Carnat sich noch ganz die Eigentümlichkeiten Pieros zeigen. Wir sehen auch hier wie auf den besprochenen Bildern und auf der Visitation, dass der Künstler die Körperteile da wo sie vor hell stehen dunkel und wo sie vor dunkel stehen hell und zwar in ziemlich primitiver Weise an den Rändern tönt. Die Ähnlichkeit des Kopfes der Simonetta mit den Profilköpfen zweier Nayaden, besonders mit der knieenden, die auch die eine Schulter entblösst und das Gewand leicht umgeworfen hat, ist ja evident. Dagegen weist die Landschaft mit üppigen Wiesen, Hügeln, belebt von Bäumen und mit dem dunklen, felsigen Hintergrund rechts, aus dem bald wirres Gestrüpp, bald Felsen in die Luft ragen und von dem sich die hellen, lebhaft bewegten Gestalten der erstaunten Nymphen gut abheben, auf das Berliner Venusbild zurück.

6. Visitation bei Col. Cornwallis West in Newlands Manor, England.
(Tafel I.)

Als Piero seiner Zeit von Rom nach Florenz zurückkehrte, da fand er sein grosses Vorbild Lionardo nicht mehr dort; der war schon seit Jahr und Tag in Mailand; aber dafür hatte ein anderer Künstler, einer aus dem Norden, festlichen Einzug dort gehalten, Hugo van der Goes. Im Jahre 1482 wurde nämlich dessen grosses, von der Familie der Portinari gestiftetes Altarbild im Spital von St. Maria Nuova aufgestellt. Es gab gewiss schon eine ganze Anzahl niederländischer Bilder in Florenz, denn schon vor 1482 wird der Einfluss niederländischer Art bemerkbar (cfr. D. Ghirlandajo, Hieronymus in Ognissanti 1480). Die Gediegenheit nordischer Malweise erstrebte man und selten mag in der Florentiner Künstlerschaft eine solche Aufregung gewesen sein gleich der, welche entstand, als dies Meisterwerk vlämischer Malerei aufgestellt wurde. Scharenweise werden die Maler herbeigeströmt sein das Bild anzustaunen, zu studieren, zu kopieren und ihre Maltechnick daran weiter auszubilden.

Unter all diesen Künstlern befand sich auch Piero di Cosimo; er war jedenfalls der gründlichste und, was das Verständnis der Malweise betrifft, der begabteste. In

---

1) Von einigen wird das Bild ganz dem Piero abgesprochen und der Name des bekannten Kupferstechers Robetta als Erfinder der Komposition genannt, so im archivio storico dell' Arte 1895 S. 168.

seinem Bestreben nach Vervollkommnung der malerischen Technik musste er in dem Vlamen Hugo v. d. Goes seinen wahren Lehrmeister finden. Wie stark der Einfluss des Bildes auf Piero gewesen ist, zeigt uns ein Bild, zu dem wir jetzt kommen. Dasselbe befindet sich in englischem Privatbesitz, auf dem Landhaus des Colonel Cromwallis West in Newlands Manor bei Lymington (Südengland, Hant). Dass dies Gemälde identisch ist mit der von Vasari[1]) erwähnten Visitation, geht aus den Dokumenten des jetzigen Besitzers hervor. Da wird gesagt, dass das Bild erstanden wurde von dem Marchese Gaetano Capponi, einem Nachkommen des Gino Capponi, für dessen Kapelle in Santo Spirito zu Florenz es einst gemalt wurde. Die Darstellung giebt in folgender höchst origineller Weise die Heimsuchung der Maria, welche übrigens mit der Beschreibung des Aretiner Biographen ganz übereinstimmt.

In der Mitte sehen wir auf erhöhtem Podium die beiden Frauen, wie sie sich die Hände reichen. Rechts vorn sitzt schreibend der greise Antonius, links ihm entsprechend lesend Nicolas von Bari. Vor beiden liegen ihre Attribute, hier die drei Kugeln, dort die Krücke, die Glocke und zudem sieht man mehr im Mittelgrund ein Schwein. Weiter hinten ist rechts vor Häusern der bethlehemitische Kindermord dargestellt, links, entsprechend, die Anbetung der Hirten. Ganz im Hintergrund werden Häuser, Kirchen zwischen Bäumen, Felsen und Hügel sichtbar.

Das Bild ist ganz unter nordischer Ägide gemalt. Es bezeichnet in Pieros Entwicklung einen bedeutsamen Markstein. Mit Hilfe des Studiums der Niederländer kommt er zu einer Feinheit der Detailmalerei, wie sie kaum ein anderer Florentiner erreicht hat. Es ist vielleicht eins der charakteristischsten Bilder aus der Frühzeit des Meisters und in der Einleitung haben wir denn auch zur Bezeichnung von Pieros Eigenart die Worte des Lobes über die täuschende Naturwahrheit in der Ausführung der Einzelobjekte, die Vasari bei diesem Bilde ausspricht, citiert. In erster Linie beziehen sich diese Worte auf die besondere Sorgfalt, welche der Künstler auf die beiden greisen Heiligen verwandt hat und für sie sind die Heiligen des Hugo v. d. Goes zweifelsohne vorbildlich gewesen. Nach nordischer Art sind beide idyllisch genrehaft behandelt. Jeder der beiden, denen vorne ein besonderer Raum gegeben ist, indem zwei Pfeiler und eine Stufe sie von der eigentlichen Hauptscene der Visitation trennen, sitzt an einer Seite. Jeder ist ganz mit sich selbst beschäftigt, ohne sich zu kümmern um das, was sonst um ihn vorgeht. Das ist eine Auffassung, die bei den Italienern sich höchst selten findet.[2]) Links sitzt der weissbärtige Nicolas ganz vertieft in das Lesen eines Buches, das ihn offenbar sehr spannt, denn schon hat er den Zeigefinger der Rechten unter die folgende Seite gelegt zum Umschlagen. Vor ihm liegen drei schillernde Kugeln. Ihm gegenüber sitzt der derbere Antonius mit langem weissem Bart und wie jener mit grosser Glatze. Der nun, mit dem Klemmer auf der groben Nase, ist mit beinahe pedantischer Geschäftigkeit dabei, auf ein weisses Stück Papier mit der Gänsefeder zu kritzeln. Die sehr runzelige Linke hält das hellblaue Buch, auf dem das Schriftstück liegt. Zwischen den Knieen wird das blecherne Futteral für Tintenfass, Feder und Papier sichtbar, vor seinen Füssen liegen eine Glocke, Krücke und ein Pergamentbuch und weiter nach der Mitte ein Zweiglein der

1) Vas. IV. 133.
2) Signorelli giebt auf seinem kraftvollen Bilde im Palazzo dei Priori zu Volterra (1491) auch vorn, isoliert von der höheren Madonnengruppe zwei Heilige, die ganz mit sich, mit Schreiben und Lesen beschäftigt sind.

Piero di Cosimo. Die Heimsuchung bei Col. Cornwallis West in Newlands Manor.

H by Durcen.
: Ringling Blus Savasle, 'a (...
...

wilden Steinnelke. Alle diese Gegenstände, wie jede Runzel, jedes Härchen der
Gesichter, der Hände dieser beiden vorzüglichen Charaktergestalten sind mit einer
Sorgfalt, einer Liebe ausgeführt, wie es bei einem Florentiner jedenfalls überraschen
muss. Wir staunen, wie nahe sich da Pieros sinnendes weiches Gemüt mit dem Nordländer berührt.

Aber der Psycholog Piero begnügt sich nicht mit der Darstellung von Charakter-
figuren, die sich in ruhigen geistigen Zuständen befinden, sondern er will uns auch
Momente höherer psychischer Erregung schildern und dazu giebt ihm die Mittelgruppe
der beiden sich begegnenden Frauen Gelegenheit. Auf dem durch eine Stufe erhöhten Podium begegnen sich die beiden Frauen, von hellem Sonnenstrahl getroffen
und scharfe Schatten werfend auf den rosa getönten Boden. Beide Frauen schauen
sich wie in Bewusstsein dessen, was ihnen bevorsteht, in die weit geöffneten
Augen, sie drücken sich die Rechten, die Linke legt Maria wie zum Gruss und zur
Beruhigung an die Schulter der greisen Elisabeth, die ihre Linke erhoben hat in Ver-
wunderung darüber, dass die Mutter ihres Herrn zu ihr kommt.[1]) Piero fasst dies
schöne Motiv von der gemütvollen Seite und sucht eine tiefe innere Stimmung zum
Ausdruck zu bringen. Er meidet dabei jedoch jede grössere geistige Erregung, wie
sie etwa Albertinelli, Pontormo, Andrea del Sarto den Gestalten geben. Gegenüber
jener übertriebenen Aufregung, die ganz unempfunden den Gestalten interessanten
formalen Motiven zuliebe gegeben ist, sind die beiden Frauen Pieros ausserordentlich
intim aufgefasst. Innige Teilnahme mit dem Schicksal der andern und stille Hingabe
in das eigene sprechen aus ihnen. Es ist wohl die psychologisch feinste Heimsuchung, die in Florenz gemalt worden ist. Da muss auch die Ghirlandajos (in
seinen Fresken in St. Maria Novella) zurückstehen. Sie erscheint wie eine sehr
formelle Begegnung zweier besserer Bürgersfrauen von Florenz, würdevoll und mit
allem Anstand. Die Frauen zeigen keine tiefere Erregung. Interessant ist es übrigens,
dass Ghirlandajo grade auf diesem Fresko — in dem Hintergrund die sich über die
Ballustrade lehnenden Männer etc. — neue Berührungen mit den Niederländern zeigt.
Er, der ja auch das Bild des Hugo van der Goes studiert hat, demselben sogar für
seine Anbetung (in der Akademie von 1485) die Hirtengestalten entnahm, mag sicher
auch zu Piero in engeren Beziehungen gestanden haben. Darauf weist auch der Umstand, dass Ridolfo, der Sohn des früh gestorbenen Dominico, bei Piero in die Lehre
ging. Zudem müssen wir erwähnen, dass zu Pieros Gruppe sich in den Uffizien eine
Federskizze [2]) befindet, die in der Art des Ghirlandajo ausgeführt, dort denn auch unter
dessen Namen geht. Sie ist jedoch zweifellos eine Vorstudie zu diesem Bilde, da die
Auffassung der auf dem Bilde bis in die Gewandfalten entspricht und die flüchtige

---

[1]) Die Begegnung ist nur im Lucas-Evangelium geschildert I, 39—56. (40) Und (Maria) kam
in das Haus Zacharias, und grüsste Elisabeth. (41) Und es begab sich, als Elisabeth den Gruss
Mariae hörte, hüpfte das Kind in ihrem Leibe. Und Elisabeth war des heiligen Geistes voll.
(42) Und rief laut, und sprach: Gebenedeiet bist du unter den Weibern und gebenedeiet ist die
Frucht deines Leibes. (43) Und woher kommt mir das, dass die Mutter meines Herrn zu mir
kommt.

[2]) Eine Abbildung dieser Skizze folgt später, da dieselbe beim Druck des Bogens noch
nicht fertig war. Ein Vergleich dieser Skizze mit der Ghirlandajos zu seinem Fresko zeigt dieselben Gegensätze.

Art der Zeichnung mit der Weichheit der Führung der Silhouette höchst charakteristisch für Piero ist.

Aber wie weit ihre Wege doch auseinander gehen, wie verschieden ihre Temperamente sind, zeigt jeder Vergleich. Dominico ist der grosse Freskenmaler, der kompositionell Besonderes geleistet hat, bei dem jedoch neben der Ruhe im Temperament und der Gewissenhaftigkeit der Zeichnung eine gewisse Trockenheit und Gleichmässigkeit manchmal recht unangenehm hervortreten. Freilich ist ihm das nicht immer zuzurechnen, sondern seinen vielen Gehilfen, ohne die selbst er, der doch sehr leicht arbeitete, die Fülle von Aufträgen nicht bewältigen konnte. Zu der Florentiner Bürgerschaft hatte er viele Beziehungen und er ist der populärste Maler gewesen. Dem gegenüber steht der phantasievolle, feinfühlige Piero. Ohne grossen Wirkungskreis malte er still für sich seine Bilder sorgfältig und langsam. Ohne Rücksicht auf die Konvention lässt er seine Phantasie frei schalten und walten, sucht er seine Empfindungen zum Ausdruck zu bringen. In der Hauptsache ist er Kolorist. Am meisten reizen ihn die Probleme des Lichtes und der Farben, während er für Komposition, für Verteilung der Massen, Abwägung der Formen nur wenig Empfindung hat. Unser Bild zeigt zur Genüge diese Eigenschaften.

Wir hatten schon früher gelegentlich auf die Feinheit der technischen Ausführung hingewiesen. Wir wollen hier nochmals betonen, welche Kraft und Plastik er seinen Figuren durch die energische Sonnenbeleuchtung giebt. Wie sehr die Gestalten durch solch scharfes einseitiges Licht gegenüber dunklen Schatten belebt werden, zeigen Nicolos wie Antonius, Maria wie Elisabeth. Einige Kleinigkeiten sind besonders bezeichnend, so die Hände des Antonius, ferner die Krücke und das so naturgetreu gemalte Pergamentbuch, die beide, auf der hellen Stufe aufliegen, hell beleuchtet sind und dadurch, dass sie starke Schatten werfen, sehr plastisch erscheinen, wie auch die glitzernden Kugeln des Nicolas. Aber dieser Glanz des Sonnenlichtes, diese Leuchtkraft der Töne, diese Feinheit der Übergänge und matten Halbtöne im Carnat kann nur unter nordischem Einfluss entstanden sein. Jedoch nicht nur in der Sorgfalt der malerischen, technischen Behandlung und in der Auffassung, auch in der Koloristik, in der Farbgebung zeigt sich Piero ganz abhängig von seinem verdienten Vorbild. Das leuchtende, helle Carnat besonders beim Nicolas, das glühende Rot in dessen Mantel, ferner das volle Grün und tiefe Rot im Mantel des Antonius, sind Töne, die nur auf niederländischer Palette gemischt sind.

Er wird wohl lange an dem Bilde gemalt haben. Nicht nur die Gesichter und Hände der Figuren, sondern auch die Gewandlagen sind mit grosser Sorgfalt ausgeführt, so dass sie etwas Schweres bekommen haben. Man betrachte besonders den hellblauen Mantel der Maria und den dunkelbraungrauen der Elisabeth, die Falten des scharfweissen Kopftuches der letzteren u. s. w. Nirgends ist die Leichtigkeit der Hand, die Gewandtheit und Klarheit eines Künstlers wie Dominico Ghirlandajo, nirgends jedoch auch etwas von der Milde und Ruhe im Ausdruck und der Einfachheit der Anordnung eines Lorenzo di Credi oder gar Perugino zu finden. Wenn ein italienischer Künstler herangezogen werden sollte, so ist es am ehesten Luca Signorelli, von dem Piero jedenfalls einen starken Eindruck erhalten hat.

Zum Schluss sei noch eine Bemerkung erlaubt, dass die Häuserreihen an den Seiten im Mittelgrunde hier zum erstenmale auftreten und dann öfters auf Bildern

Hugo van der Goes. Anbetung der Hirten, auf den Flügeln die Stifterfamilie der Portinari mit Heiligen. Uffizien (einst im spitale S. Maria Nuova). Florenz.

jüngerer Meister, besonders der Schule Pieros, wie des Ridolfo Ghirlandajo, Fra Bartolomeo wiederkehren.

Es würde zu weit führen, wollte man hier eine stilistische Entwicklung des Quattrocento zum Cinquecento geben, wie sie sich in der Folge von Darstellungen der Visitation ausserordentlich klar zeigt. Piero di Cosimo und Domenico Ghirlandajo sind noch reine Florentiner Quattrocentisten, bei Albertinelli kommt der reinigende Einfluss Peruginos zur Geltung, zugleich jedoch steigert sich die Empfindung schon nach dem Dramatischen, welches dann in der Visitation des Pontormo in der Annunziata sehr stark zum Ausdruck kommt. Den grössten Kontrast zu Pieros Darstellung giebt jedoch die seines eignen Schülers, des Andrea del Sarto im Scalzo. Da wird mit grossem Pathos und starker Pose die Scene gegeben, ganz ohne die Feinheit psychologischer Empfindung, die aus Pieros Gestalten spricht. Dagegen zeigt es jedoch die ganze Feinheit individueller Auffassung und die Fülle künstlerischer Wirkungsmittel des Cinquecento. Die strenge Symmetrie ist aufgehoben zu Gunsten einer diagonalen Anordnung, wodurch mit sehr wenig und einfachen Mitteln eine grosse räumliche Wirkung erzeugt wird. Nicht viel mehr als ein Menschenleben trennt die Bilder, Lehrer und Schüler zeigen ihre Eigenart geprägt im Geist der Zeit. Wir werden später noch Gelegenheit haben den Gegensatz dieser beiden Gestalten, der wohl selten in gleicher Stärke zwischen Lehrer und Schüler vorhanden gewesen ist, auseinanderzusetzen.

7. Kampf der Kentauren und Lapithen bei Mr. J. Burke, London.

Im Anschluss an die beiden Scenen im Hintergrunde des Bildes der Visitation, als in derselben Zeit wie dieses entstanden, möchte ich hier ein Bild[1]) besprechen, das ich im Besitz von J. Burke in London sah. Auf langem, schmalem Holz ist dargestellt der Kampf der Lapithen und Kentauren ungefähr in folgender Weise:

In der Mitte ragt im Mittelgrunde ein breiter, felsiger Berg auf, von dem links ein Kentaur herabgestürzt ist. Oben steht ein Lapithe im Begriff ihm einen Stein nachzuschleudern. Vor diesem Berge sehen wir auf der Ebene überall zerstreut Kentauren und Lapithen im harten Kampfe. Da sind zunächst zwei Lapithen bemüht einem Kentauren ein Weib zu entreissen, weiterhin liegt ein sterbender Kentaur am Boden, den ein Kentaurenweib umarmt und küsst. Dahinter ist ein wüstes Gewirr von Kentauren und Lapithen. Letztere sind von jenen beim festlichen Mahle überrascht worden. Weinkrüge, Geschirr, Speisen liegen herum auf weisser Decke oder müssen als Kampfwerkzeuge dienen, um die Kentauren abzuwehren. Weiter rechts bemerkt man andere Kampfesscenen an dem sich allmählich senkenden Abhang. Mit Opferwerkzeugen, Krügen, Altären wird hantiert. Ein ganz weisser, vom Lichte stark getroffener Kentaur liegt im Sterben, während ein anderer eben einem Lapithen einen Baumstamm ins Gesicht stösst. Weiterhin sehen wir Bäume ausreissend Kentauren, weitere streitende Gruppen, die sich bis in die Ferne zu schimmernden Wassern verlieren. Ganz links vorne ist der Held Herakles eben im Begriff einen Kentauren mit der Lanze zu töten. Der Hintergrund gewährt feine Durchblicke über grüngelbe Wiesen in die blaue Ferne.

Von Komposition ist keine Rede. Die bunten Farben erinnern ebenso wie die roten, allzuderben Figuren an die rechte Hintergrundsscene auf der Visitation, an den Kindermord. Leider ist das Bild sehr verdorben und hat einen düsteren, braungrünen Ton angenommen. Aus diesem Dunkel leuchten einige helle Farben hervor, wie etwa das Weiss der Tischdecke oder das des Pferdeleibes vom sterbenden Kentaur. Die Farben sind bunt und glatt, opakig. Rot ist in allen Nüancen vertreten.

---

1) Erwähnt und zwar als Piero di Cosimo wurde es zuerst im Katalog des Burlington fine art Club. Signorelli exhibition. 1893. Einleitung XVI f.

Das Carnat ist grünlich bleich bei den Frauen, wie im Kindermord der Visitation, rotbräunlich bei den Männern, wie bei der Anbetung der Hirten auf eben jenem Bilde. Das letztere, ferner die zum Teil recht guten, in der Wut des Kampfes stark bewegten Figuren und Gruppen erinnern uns an Signorelli.[1]) Recht hübsch ist der Hintergrund. So sehen wir rechts dunkle Baumgruppen, dann einen schönen Durchblick auf hellbeleuchtete Bäume, ein schimmerndes Wasser und einige blaue Hügel. Sehr originell ist die linke Seite. Da jagen nämlich dunkel vor heller Ferne in der Silhouette höchst lebhaft den nach links ansteigenden Berg hinan Kentauren. Die Gestalten heben sich sehr kräftig von den lichten, blauen Bergen und wenn an irgend etwas, so musste ich bei dieser Phantastik an den Ritt der Hexen auf den Bocksberg, an die Walpurgisnacht denken.

Das Ganze ist natürlich ein Einlagestück für ein Cassone oder eine Holzvertäfelung. Piero hat viele solche Stücke mit kleinen Figuren und mythologischen Scenen, wo seine Phantasie dann die sonderbarsten Dinge erfand, gemalt. Aus allen Kunstperioden haben wir solche, dies hier ist das erste, unruhigste; sein wilder jugendlicher Geist ist noch wenig gebändigt.

8. Rundbild der Anbetung des Kindes im Besitz von Mr. A. E. Street
in London (Tafel III).

Eine weitere Vervollkommnung der malerischen Technik zeigt uns ein Bild im Besitz von A. E. Street in London. Dasselbe wird von Waagen, der es in der Sammlung Barker gesehen, wie auch von Crowe-Cavalcaselle[2]) als eine Arbeit Signorellis erwähnt. So wurde es denn auch auf die Ausstellung der Werke dieses Meisters im Burlington fine Art Club[3]) 1893 gesandt. Hier wurde es jedoch erkannt als Werk Pieros.

---

1) In der Einleitung jenes erwähnten Kataloges der Signorelli-Ausstellung wird denn auch gesagt: Another picture by the same master „The battle of the Centaurs and the Lapithae", which is not yet recorded by any authorithy, was lately in the hands of Signor Gagliardi in Florence. The combattents are biting each in their fury, and those, who are fond of tracing influences may amuse by ascribing its violence to Luca (Signorelli), whom Piero may have met in Florence between 1480—1492.

2) Crowe-Cavalcaselle vol. IV. 4, 6, 7.

3) Burlington fine Art Club. Signorelli exhibition da 1893. Der Katalog sagt S. 6 Nr. 17 folgendes: At the end of the Gallery hangs a large tondo lent by A. E. Street, Esq. representing the virgin and child, with St. Joseph on left in background formerly in the Barker collection, and mentioned by Crowe-Cavalcaselle IV, 4, 6, 7. In der Einleitung steht S. XVI. „The fine tondo at the end of the room, lent by Mr. A. E. Street is the Nativity described by Crowe-Cavalcaselle among Signorellis works painted under Florentine influence. According to the tradition Lorenzo dei Medici gave this picture to a lady of the family of Giuducci. It was purchased from that family for the Metzger collection, and thence passed to Mr. Barker, at whose it was bought by the late Mr. Street, R. A. Mrs. Crowe and Cavalcaselle say that it exhibits „some of Signorellis vulgarity in faces, and in the positive brown of its fullbodied colour ..... a bold clever picture in Signorellis gloomy olive tone". The picture is in fine condition and is certainly not by Signorelli, but by the Florentine Piero di Cosimo.

Piero di Cosimo. Die Anbetung des Kindes bei Mr. A. E. Street (London). (*bt from him by Agnew.*)

1929. Duveen.

1935. presented to Toledo, Ohio, Museum by Edward D. Libbey

Auf blumenreicher Wiese kniet Maria. Sie wendet sich von dem Gebetbuche, das vor ihr ausgebreitet liegt, weg, die Hände ausstreckend nach dem Christkinde, das rechts von ihr an ein Kissen gelehnt auf einer kleinen, mit einem Tuch bedeckten Erhöhung schläft. Dahinter ragt ein Fels isoliert aus der Landschaft vor schimmerndem Wasser und bergiger Ferne. Links von Maria weiden Ochs und Esel, weiterhin sitzt Joseph schlafend auf der Erde. Ein Weg führt in die Tiefe zu einer Stadt und den Bergen.

Das Bild ist ein charakteristischer Piero. Von Signorelli keine Spur. Crowe und Cavalcaselle, die es ihm noch geben, erzählen, dass das Bild aus der Familie der Giuducci stamme und einst von Lorenzo dei Medici einer Dame aus diesem Geschlechte geschenkt worden sei. Das wäre ein erster Nachweis für Beziehungen Pieros zu den Medici, die später ziemlich eng gewesen sein müssen.

Was zunächst die malerische Ausführung anbetrifft, so zeigt unser Tondo, das in sehr gutem Erhaltungszustande ist, gegenüber der Visitation noch eine Verfeinerung der Technik, neben der jedoch eine weitere Abkühlung der Töne eingetreten ist. Letzteres erscheint am unangenehmsten im Carnat, das Crowe-Cavalcaselle in „the Signorellis gloomy olive tone" ausgeführt nennen. Es ist schade, dass die Farben so ins Graue und Kalte gestimmt sind, denn die Ausführung ist von ausserordent- . licher Delikatesse und Zartheit. Die Schatten werden überall durch feine Lichter aufgehellt. Die Maria in dem zart hellblauen Mantel und mit dem gleichfarbigen Kopftuch auf dem blonden schlichten Haar hat etwas ausserordentlich Keusches, Jungfräuliches. Darin erscheint das Bild ebenbürtig jedem Lorenzo di Credi, an den wir hier denken müssen. Die starke Verschmelzung der Töne, die sehr sorgfältige Modellierung, der fahle, bleiche Ton der Halbschatten, wie die opakigen, hellen Farben und die schwulstigen Faltenlagen von Marias Mantel mit dem hellgelben Umschlag finden sich ganz ähnlich bei Lorenzo di Credi. Aber es wird schwer halten, das Verhältnis der beiden, Piero und Lorenzo, zu einander festzustellen, denn über die Weise des letzteren in jenen achtziger Jahren lässt sich nichts Bestimmtes sagen. Piero, der jedenfalls der bedeutendere Künstler ist, steht hier in technischer Abhängigkeit von Hugo van der Goes und mag auch bei dem Streben nach Vervollkommnung der malerischen Technik in Beziehung zu Lorenzo di Credi getreten sein. Aber während dieser bald sein kurzgestecktes Ziel erreicht, ist für Piero diese Malweise nur ein Übergangsstadium. Er wiederholt sich nicht wie jener, der immer und immer wieder die gleichen, lieblichen Madonnenbilder malt, die auf ein ruhiges Temperament, weiches Gemüt und eine sehr mangelhafte Erfindungsgabe schliessen lassen. Pieros Charakter ist unruhiger. Er ist feiner beanlagt und hat eine ganz andere Empfindung für Licht- und Farbeneffekte, für Naturschönheiten verschiedenster Art. Das zeigt sich z. B. bei der Behandlung des Nackten, wo beide sich so ähnlich scheinen. Bei Lorenzo wird man in den Gesichtern, den Händen, den Kinderkörpern, überall die gleiche, sorgfältige Durchmodellierung jedes einzelnen Körperteilchens finden. Durch diese glatte, gleichmässige Abrundung vermag er nicht Kraft und Leben zu geben. Piero giebt dagegen auch schon auf diesem Jugendbilde eine kräftigere Beleuchtung und besonders bei dem Kinde grössere Lichtflächen und breitere Schatten, die durch feine Halbtöne verbunden werden. Auch das Gesicht der Maria lässt das Bestreben des Künstlers, einen lebendigeren Ausdruck durch volle Lichter bei feinen Halbschatten hervorzurufen, deutlich erkennen.

Dazu besitzt das Bild noch einige besondere Feinheiten in der psychologischen Auffassung. Die Art, wie dies einfache, seit den Zeiten des Fra Filippo Lippi zu tausenden Malen dargestellte Motiv der im Freien vor dem Kinde knieenden Madonna hier gegeben ist, verdient ernste Beachtung. Das Format ist das in Florenz so beliebte Rund. Interessant ist in erster Linie das unflorentinische Motiv des schlafenden Kindes. In Toscana ist dasselbe hier, soviel ich weiss, zum erstenmale gegeben. Anders steht es in Oberitalien und im Apennin, wo (in der venezianischen Kunst sowohl wie in der von Verona, Ferrara, Urbino u. s. w.) öfters schlafende Kinder zu finden sind. Die Darstellung Pieros ist von grossem Reize. Der Kopf ist dem Kinde auf die Schulter gesunken und die vom Schlafe gelösten Glieder liegen schlaff da. Der Ausdruck des Schlafens ist gut wiedergegeben. Nicht weniger anziehend ist die ganz eigenartig aufgefasste Maria. Offenbar hat sie noch eben in dem links neben ihr liegenden Buche gelesen, und sich zum Kinde wendend will sie die Hände in Anbetung falten. Die Hände sind noch nicht starr aneinandergelegt, wie bei den Madonnen des Filippo Lippi, Lorenzo di Credi[1]) u. a.

Dies feine Motiv hat Piero offenbar seinem Vorbilde, der Anbetung des Hugo van der Goes entnommen, wo der eine Hirt und einige Engel auch erst im Begriff sind die Hände zum Gebet zusammenzulegen. In der Intimität der Darstellung berührt sich auch hier der Künstler mit den nordischen Meistern wie kaum ein anderer Florentiner, kaum Lionardo. Aber wie viel Anregung Piero auch bei den Niederländern und anderen fand, diese ausdrucksvollen, feinen Darstellungen beweisen schon zur Genüge, dass er, begabt mit reicher Phantasie, alle etwa entlehnten Motive von neuem erfand und immer aus eigner Empfindung schöpfte.

Aber mit der gleichen Liebe, mit der er die Menschen in den verschiedensten Zuständen darstellte, widmete er sich der Tier- und Pflanzenwelt. Dafür spricht die herrliche Landschaft, von der wir noch nicht geredet haben. Da ist zunächst die sehr hübsch mit den verschiedensten bunten Blumen reich geschmückte Wiese. Vorne rieselt ein kleines Wässerchen über den Stein, und ein Stieglitz sitzt da neben einem abgestorbenen Baumstamm. Das Blütenbeet leuchtet freudvoll und licht aus dem Bilde heraus, jedes Blümchen ist mit einer Liebe ausgeführt, wie sie unter den Florentinern höchstens noch Lionardo und auch Lorenzo di Credi (Tondo in Galerie Borghese) diesen Naturgeschöpfen entgegenbringen. Die Landschaft im Hintergrunde birgt eine reiche Fülle feiner landschaftlicher Motive, weithin über Feld und Au sich schlängelnde Wege, grüne Wiesen, dunkle Bäume vor schillerndem Wasser oder blauer Ferne u. s. w. Weniger gelungen, etwas steif erscheinen der hellgelbe Ochs und der graue Esel links vor dem schlafenden Joseph. Im allgemeinen Aufbau könnte die Landschaft an den Hintergrund der Bergpredigt erinnern: an Stelle des grossen Bergkegels dort ist rechts von der Maria ein phantastisch aus der Ebene emporragendes Felsgebilde gesetzt. Einige Bäume wachsen neben demselben auf. Weiter hinten schimmert die helle Wasserfläche eines Sees, an dessen Ufern Städte,

---

[1]) Ebenso giebt Lorenzo auf späteren Bildern, wie auf der grossen Anbetung der Hirten seiner zu Florenz, der heiligen Familie in Neapel, dieses Motiv der noch nicht zusammengelegten Hände bei Engeln, dem alten Joseph u. a. in ziemlich oberflächlicher Weise. Ebenso seine Nachahmer.

Burgen, Kirchen liegen, wo an den flachen Stellen Schafherden weiden, während an den fernen, jenseitigen Gestaden steile Berge, romantische Felsthore aufsteigen. Am meisten an das römische Fresko werden wir auf der linken Seite erinnert, wo hinter zwei einzelnen mit besonderer Sorgfalt ausgeführten Bäumen, wie auch dort links vor aufsteigenden Bergen, die Kirchen, Türme, Paläste und rotgedeckten Häuser einer Stadt sich bis zum Wasser hin breiten. Über allem wölbt sich der helle Himmel, von leichtem, eben sich bildendem Dunstgewölk belebt.

Abb. 15. Piero di Cosimo. Federzeichnung zu den Frauen der Visitation. Florenz, Uffizien.

Im übrigen steht Piero in der Behandlung des Hintergrundes hier sowohl wie auf der Visitation noch ganz unter dem Einfluss seiner Landsleute. Zeigt sich auch in der feinen Durchbildung des Details sein hervorragendes Talent und seine liebevolle Beobachtung der Natur, so vermochte er doch noch nicht Vorder- und Hintergrund in ein rechtes Verhältnis zu einander zu bringen. Eine reizende Wiese bildet den Vordergrund, aber dann folgt ohne verbindenden Mittelgrund gleich die Ferne ganz wie auf den Bildern Botticellis, Ghirlandajos, Signorellis, Filippinos u. a. — besonders die

6*

... Sten der Sistina seien genannt. Freilich liegt ein Hauptreiz des Bildes in den ... hübschen kleinen Fernsichten. Das Kolorit ist, wie bei all den genannten ... auch sehr kalt. Die Berge sind blaugrau, die Bäume grau, das Blatt- und ... steht scharf von dem Himmel ab.

Diese kalte Tönung, ferner das viele Hellblau in den Gewändern, das bleiche ... erinnern nicht nur an Lorenzo, sondern auch sehr an Dominico Ghirlandajo. Wie weitgehend der Einfluss des letzteren, der wohl auch einst ein Schüler des Cosimo Rosselli gewesen und ebenfalls an der Ausmalung der Sistina beteiligt war, gewesen sein muss, zeigen am meisten die Formengebung und Zeichnung hier wie auf der Visitation. Besonders auf letzterer sind die Typen der Frauen, die Hände, die Gruppe des Kindermordes und auch die Zeichnung, welche uns zu der Gruppe der Begegnenden in den Uffizien[1] (Abb. 15) als eine der wenigen sicheren Zeichnungen Pieros erhalten ist, ganz in der Manier Ghirlandajos ausgeführt.

[1] Braun 237; als Ghirlandajo bezeichnet. Wir geben vorstehend die Abbildung dieser auf Seite 57 besprochenen Zeichnung.

Piero di Cosimo. Thronende Madonna mit Heiligen.
Findelhaus (ospizio degli Innocenti), Florenz.

III. Entwicklung eines glänzenden Kolorits.

ca. 1490 — 1500.

D ie letztbesprochenen Bilder noch hatten Piero in einem unfreien Zustande gezeigt, wo er einesteils kämpft mit den technischen Schwierigkeiten, andernteils befangen ist von Einflüssen verschiedenster Art. Aber mit den Jahren fängt seine Kunst an sich auf einige ganz bestimmte Probleme zu konzentrieren. Zunächst richtet sich sein Streben bewusst und klar auf eine glanzvolle Wiedergabe schöner Licht- und Farbeneffekte. Das unmittelbare Vorbild ist das grosse Triptychon des Hugo van der Goes. All die Künstler, die um ihn schaffen, haben andere Ziele, und mühsam muss Piero die technischen Hilfsmittel ausprobieren. Erst allmählich erringt er sie und kommt so zu einem glänzenden und kräftigen Kolorit, das er mit dem feinen Lichtspiel und zarten Halbdunkel auf die ganze jung-florentinische Schule, auf Fra Bartolomeo, Andrea del Sarto u. a. überträgt. Der Weg bis zum Ziel ist lang und schwierig.

9. Thronende Madonna mit Heiligen in dem Findelhaus von Florenz (Tafel IV).

Als leuchtenden Kontrast zu all den besprochenen, koloristisch wenig wirksamen Bildern stelle ich an die Spitze des Kapitels ein Gemälde, welches, das glänzendste Resultat jahrelanger Bemühungen, seiner Vollendung nach zeitlich erst später besprochen werden sollte. Dies Altarstück, augenblicklich im Findelhaus zu Florenz (ospizio degli Innocenti), ist, trotzdem die feinen Lasuren durch eine schlechte Restauration hinweg-genommen wurden, noch eins der farbenprächtigsten Stücke Pieros. Ein altes, bekanntes Bild, kann es als die bedeutendste Leistung Pieros aus dem letzten Jahr-zehnt des Quattrocento gelten.

In einem durch drei Stufen erhöhten Nischenthron sitzt Maria mit dem Kinde auf dem Schosse. Sie schaut auf den kleinen Jesus herab, welcher sich nach rechts wendet, um der dort knieenden heiligen Katharina den Ring an den Finger der vorgestreckten linken Hand zu stecken. In der Rechten hält er Rosen, die ihm die links knieende Rosalie eben gereicht. Hinter dieser steht Petrus, hinter jener Johannes der Evangelist. Zu den Seiten des Thrones stehen weiter hinten je drei Engel. Oben auf den Voluten des Bogens der Nische kniet beider-seitig je ein Putto, die grossen Leuchter haltend. Den Hintergrund bildet eine nach den Seiten ansteigende, bergige Landschaft.

Die Madonna befindet sich jetzt in der kleinen Sammlung des Spitales. Piero ... ... von dem Vasari ... desselben in Auftrag, der es für die Capelle del Pugliese ... ... Das ist der ungeduldige Besteller, von dem wir nach Vasari auf Seite 7 ... eines haben. In der That trägt das Bild den Charakter eines mit ausserordentlicher Liebe und Sorgfalt ausgeführten Werkes, an dem der Künstler gewiss eine Reihe von Jahren gemalt hat.

Die äussere Anordnung ist die damals in Florenz beliebte. Die Madonna sitzt auf einem Nischenthrone, der, auf ein durch Stufen erhöhtes Podium gestellt, in der Mitte steht. Rechts und links vom Thron gruppieren sich halbkreisförmig nach vorn erst Engel, dann männliche Heilige, stehend hinter knieenden Frauen. Das Bild ähnelt zwar ganz im allgemeinen dem des Dominico Ghirlandajo in der Akademie[1]) im Aufbau wie in den Typen der Madonna und des Kindes; aber im Gegensatz zu diesem und andern ähnlichen, etwas leer und nüchtern wirkenden Bildern hat Piero den Thron von die freie Landschaft gestellt und die Figuren mehr ineinander gedrängt. In diesem Streben nach malerischer Gruppierung fühlt man sich erinnert an Lionardos gewaltige Komposition der Anbetung. An Filippino Lippi müssen wir bei den Engeln mit den von hinten vorschauenden, zum Teil verdeckten Köpfen und bei den beiden Putten, die zur Dekoration oben am Thron angebracht sind, denken.

Das Bild scheint auch sonst von Filippino beeinflusst, denn in den Typen der Engel, in der Haltung der Hände könnte man sich erinnert fühlen an dessen Erscheinung der Maria vor dem S. Bernhard[2]) und an das Madonnentondo in Galerie Corsini[3]). Aber diese Gestalten des jugendlichen Filippino zeigen, wenn sie auch noch ziemlich ruhig gehalten und gemässigt sind, doch schon den Gegensatz seiner mehr aufs Dramatische, geistig Erregte gerichteten Kunst zu der farbenglänzenden Sinnlichkeit Pieros stark genug. Bei unserem Künstler entdecken wir nichts von jener ausserordentlich feinen Empfindsamkeit für die zart bewegte Linie. Im Vergleich zu jenen unübertroffen ausdrucksvollen Händen sind die Hände Pieros klobig, schwerfällig. Die untersetzten, unbelebten Körper, die in ungeschickten, unklaren Lagen fallenden Gewänder sind gegenüber jenen graziösen Formen der fein belebten Gestalten plump und unbewegt. Auch einige Reminiscenzen an sein Jugendwerk, die Konzeption, scheint Piero hier zu geben, so in dem Profil der Katharina, das dem des Thomas dort ähnelt.

Aber wollen wir dem Maler gerecht werden, müssen wir das Kolorit und die Wiedergabe des Lichtes betrachten. Die Abbildung kann uns wenig geben und die ganze glühende Pracht der Farben können auch glänzende Worte nicht vorzaubern, zumal da wir diese Farben, die er so reich verschwendet, vorher nicht in Florenz ... An niederländische Bilder und an die glänzendsten Erzeugnisse seiner Schule müssen wir denken, sollen wir eine Vorstellung von ihnen bekommen. Zu solch ... Vielfarbigkeit hat auch Piero sich nicht wieder aufgeschwungen. Sehr ... von beinahe peruginesker Zartheit ist die Madonna mit dem lichtblauen, zart seidenen Kopftuch auf dem blonden Haar, in dem hellblauen Mantel mit grünem Umschlag über dem tiefroten Gewand, sitzend vor dem kräftig braunen Vorhang, der, an den Zipfeln oben von den Putten und in der Mitte von dem Cherubim gehalten, ein leuchtendes Rot auf der Rückseite zeigt. Die lichten Töne des Carnates stimmen gut zu den leuchtenden Farben. Es zeigt, trotzdem es durch die Restauration gelitten hat, auch jetzt noch stellenweise die wohl einst über das ganze Bild ausgebreitet gewesene glatte Oberfläche und Durchsichtigkeit der Farben bis in die Schatten hinein. Die glänzendste Leuchtkraft und das zarteste Halbdunkel, welches hier mit grosser Gewandtheit gehandhabt ist, finden wir bei den Gesichtern der Engel, den Körperchen der Kinder und besonders bei den sehr fein ausgeführten Händen der Heiligen. Alles erhellt das kräftige von links oben ziemlich steil herabfallende Licht. Schattenwerfend löst es die Gestalten vom Boden, gleitet es leicht über die Hände, den schillernden Schmuck und über die kräftigen Gesichter, deren breite Lichtflächen, helle Stirnen klar aus dem Bilde herausstrahlen, so dass ein feines Leben, Vibrieren in der Luft erzeugt wird. Leider hat die Fleischfarbe hier und dort einen unangenehm stechenden Ton bekommen durch das Hervortreten der roten Untermalung, welche das Carnat warm stimmen und ihm gegenüber den grauen Halbtönen auf den früheren Bildern Leben geben sollte. Indes sind auch hier wie früher die Halbschatten sehr sorgfältig und glatt verschmolzen, indem nur die beiden, wohl zuletzt gemalten weissbärtigen Heiligen kräftigere, breitere Schatten und Lichter zeigen, im Gegensatz zu den beiden sehr ähnlichen Heiligen der Visitation, deren mächtige Schädel bei einem Vergleich doch zu scharf gezeichnet und hart erscheinen.

Im übrigen sucht Piero durch Kontrastierung der Schatten, Lichter und Farben, Leben und Bewegung in die Symmetrie zu bringen. Die Katharina rechts in hellgrünem Mantel über glühend rotem Kleid, zeigt ihr helles Profil vor dunklem Pfeiler, das dunkle Haar geschmückt mit schillernden Perlen vor dem orangegelben Mantel des hintenstehenden Engels. Ihr gegenüber kniet in tief schwarzviolettem Nonnenhabit mit beschattetem Profil Rosalie. Über ihrem Kopf leuchten die hellbeschienenen Hände eines Engels. Das Gelb im Mantel des Petrus über dem tiefblauen Gewand giebt links einen guten Abschluss, während rechts Johannes gekleidet ist in leuchtendes Violettrot, dessen Farbnüance durch das warme Orangerot des Shawls über seiner Schulter noch fein gehoben wird. Der Boden, grau mit rötlichen Steinen, ist hell erleuchtet von der Sonne. Sehr realistisch ausgeführt liegen auch da wie auf der Visitation zerstreut ein Stück vom Rad der Katharina, verschiedene Rosen und ähnlich dem Buch dort auf der einen Stufe und zwar auch überstehend und schattenwerfend die Märtyrerkrone und Palme der Katharina. Bei diesen Gegenständen wie auch bei dem sonstigen Schmuck der Heiligen, den schillernden Schlüsseln des Petrus, den Leuchtern u. a., zeigt Piero wieder seine grosse Liebhaberei für feine, detaillierte Durchführung. Er giebt damit dem Bilde auch wieder einen besonderen intimen Reiz. Der koloristische Wert liegt hier wie bei den frühen Niederländern in dem ausserordentlichen Farbenreichtum, der Farbenfröhlichkeit, wo weniger eine feine einheitliche Gesamtstimmung, als vielmehr ein heiteres Farbenspiel erstrebt wird. Rot ist besonders reich in den verschiedensten Nüancen vom lichten Orangerot bis zum tiefen Rotviolett vorhanden. Auch Weiss fehlt nicht, wenn es auch nur an Kragen und Ärmeln in schmalen Streifen erscheint und in den lichten Wolken und Flügeln des Cherubim.

In eigentümlichem Kontrast zu dieser Buntheit steht die eintönige Stimmung des landschaftlichen Hintergrundes. Derselbe ist wie auf den früheren Bildern noch geschieden von der Vordergrundsgruppe. Nur über den Köpfen der Figuren sehen wir in der Ferne die nach den Seiten ansteigenden Berge. Mächtige Baumgruppen

Abb. 16. Piero di Cosimo. Maria mit Kind im Louvre, Paris.

überschatten grüne Wiesen rechts; links führen Wege an Landhäusern und Felsen vorüber den Berg hinauf. Weisse Wolken ziehen am Himmel, dessen Blau nach oben hin tiefere Töne annehmend einen kräftigen einheitlichen Gegenton zu der Vielfarbigkeit unten giebt. Im übrigen bekommt durch die bald bräunlichgrau, bald hellgrünlich gehaltenen zierlichen fernen Landschaftsbilder das Bild etwas Niedliches, Kleinliches. Wir müssen denken an andere derartige Erzeugnisse der Frührenaissance, so an die weiten Landschaftsfernen des Pollajuolo. Die Höhe des Horizontes, der Umstand, dass keine Figur sich frei über denselben und vor den andern erhebt, trägt noch dazu bei, den Eindruck des Quattrocentistischen zu erhöhen. Und doch zeigt das Gemälde in der geschlossenen gedrängten Anordnung der Figuren schon ein Streben nach einem malerischen Ganzen, zu cinquecentistischer Einheit, Gesamtwirkung. Fast könnte man sich an die grossen Altarstücke Fra Bartolomeos gemahnt fühlen. Freilich fehlt der klare, symmetrisch gruppenhafte Aufbau nach der Mitte, die kräftige Betonung der Maria als Spitze des Hauptdreiecks im Centrum. Dem Piero fehlte das Gefühl für die Linie und Gruppenkomposition, wie für die formale Schönheit. Seine Gestalten sind ihm koloristisch wert als mächtige Lichtträger. Durch die Feinheit der Lichtführung und die sorgfältige Abwägung der Farben, also durch rein malerische Mittel, gelingt es ihm, seinen Gestalten Raum und Luft und Lebensfähigkeit zu geben.

Für das Kolorit und auch für die Typen ist das Bild denn auch den Schülern Pieros von weitgehendster Bedeutung gewesen. Das zeigen die Werke Fra Bartolomeos und Albertinellis, so eine Verkündigung in Volterra, 1497 datiert, was uns einen neuen Beweis giebt, dass das Bild in den 90er Jahren ausgeführt ist und noch um 1500 in dem Atelier des Künstlers gestanden haben mag.

10. Madonnenbild im Louvre (Abb. 16).

Als gleichzeitig mit diesem glanzvollen Heiligenbilde entstanden, fast wie eine freie Studie zur Madonna erscheint eine Maria in Halbfigur mit dem Kinde im Louvre (No. 497), welche zuerst von Morelli als Pieros Werk bestimmt wurde.

Maria sitzt vor einem Teppich und hält das Kind vor sich auf dem Schosse. Auf der vorn abschliessenden Balustrade sitzt die Taube, auf welche das Christkind weist, und liegt aufgeschlagen ein Buch, in dem die Mutter liest.

Es ist ein hübsches Bildchen, welches jedoch auch wieder in der Hauptsache nur koloristische Reize hat. Vor einem einfach gemusterten goldgelben Teppich sitzt die Maria in schlicht rotem Kleide. Ein hellblaues Kopftuch dicht unter dem Kinn zusammengesteckt und an den Enden geknotet, umschliesst ihr zartes, bleiches Gesichtchen. Ein dunkelblauer Mantel mit schwarzem Umschlag ist ihr über Arm und Knie gebreitet. Rein weiss ist die Taube vorne auf der kräftigbraunen Brüstung, wo das rot eingebundene Buch liegt. Alles ist Farbe und zwar in einem glänzenden Ton

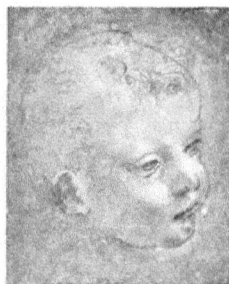

Abb. 17. Zeichnung Lionardos zu einem Kinderkopf.

bei glattem Auftrag. Ganz besonders leuchtet jedoch der nackte Körper des Christkindes, der in ausserordentlich sorgfältiger Modellierung, bei durchsichtigen Schatten und feinem Halbdunkel sehr plastisch hervortritt. Freilich erscheinen die plumpen Formen mit den dichten Fettwulsten stellenweise fast zu stark gerundet. Die Farbe des Carnats ist leicht gelblich bei dem Kinde, während die nur zart berührende rechte Hand der Maria mattrosa gestimmt ist. Trotz der grossen Ähnlichkeit, die die

7

[...] auf früheren Bildern haben, lassen das weichere, warme Halbdunkel [...] Schattenlagen diese Madonna fortgeschrittener erscheinen. Diese [...] nicht nur, sondern auch der Typus des Kindes (Abb. 17), das be[...] Kontrapost, möchten einen neuen Einfluss Lionardos vermuten lassen. Dass [...] hier wieder dem Künstler das Motiv der lesenden Madonna und des mit [...] Blick auf den Beschauer schauenden Kindes, welches auf die heilige [...] mit der übergreifenden Rechten weist, gut gelungen ist, braucht nicht betont [...].

11. Heilige Familie in Dresden (Tafel V).

Früher entstanden als diese beiden Bilder, frischer und lebhafter aufgefasst ist [...] heilige Familie, welche sich in der Gemäldegalerie zu Dresden befindet.

[...] kniet rechts die Maria, das Christkind haltend, welches vor ihr auf einem Stein [...] Kissen gelehnt liegt. Links weiterhin sitzt der kleine Johannes, der sich zu dem ganz [...] am Rande tief sitzenden greisen Joseph im Gespräch wendet. Hinter dieser Gruppe erhebt sich ein Fels, auf dem oben zwei singende Engel sitzen. Rechts und links am Rande wird weite Landschaft sichtbar.

Das Bild wurde zuerst von Frizzoni dem Piero di Cosimo zurückgegeben und zwar sind die Gründe, welche für diese Autorschaft sprechen, so schlagende, dass man jetzt, wo der Name einmal genannt ist, erstaunt, nicht eher zu der Erkenntnis gekommen zu sein. Die Typen der Gestalten entsprechen so genau denen auf den soeben besprochenen Bildern, dass das Tondo auch zu derselben Zeit entstanden sein muss. Der greise Joseph ist bis auf die Farben der Gewänder — gelbes Kleid und blauer Mantel — gleich dem Petrus des Innocentibildes. Der kleine Johannes zeigt dasselbe Übergreifen des Armes wie das Christkind, die Maria dasselbe nur leichte, gezierte Berühren der Hand, das geknotete Tuch, wie Maria auf dem Louvrebild. Offenbar ist es in derselben Periode, wie jene beiden, in den 90er Jahren entstanden. Die Anordnung mit dem Fels erinnert stark an das Streetbild, mit dessen glatter, feiner Malweise und bleicher Farbe es jedoch nicht zusammengeht.

Was Piero damals vermochte, wenn er sich Mühe gab, können wir sehen an Kopf und Hand des Joseph, welche bis auf alle Runzeln und Härchen von einer Sorgfalt der Ausführung sind, wie sie die entsprechenden Männergestalten auf dem Innocentibild nicht zeigen. Gerade bei einem Vergleich weisen letztere mit ihrer breiten Schattenführung und der kräftigen Lichtführung auf Kopf und Händen auf eine weiter entwickelte Empfindung für das Malerische.

Der greise Joseph bildet gewissermassen ein Zwischenglied zwischen dem Hieronymus und Nikolas der Visitation und den beiden Heiligen des Innocentibildes. Ähnlich sorgfältig wie jene ausgeführt — man vergleiche die fein ausgezogenen Haare, die vielen Runzeln, Adern — entwickelt sich gegenüber der scharfen Linienführung und Härte dort in den breiten Schattenpartieen und Lichtflächen eine sehr [...] Lichtbehandlung, an deren Stelle bei den Heiligen des Innocentibildes [...] mehr malerische, aber auch gröbere Ausführung tritt. Das Licht [...] oben und gleitet leicht über den mächtigen Schädel dahin, die [...] Nasenspitze erhellend, während das Gesicht, die Augen, die

vordere Stirn in Schatten gehüllt sind. Dabei fehlt es nicht an das Dunkel aufhellenden Reflexlichtern, so dass die Schatten fein durchsichtig, nirgends hart und
schwer erscheinen. Ähnlich sind Hals, Hand und das in weichen Falten über den
linken Arm genommene Stück Mantel behandelt. Das scharfe Weiss der Hemdstreifen
an Hals und Handgelenk hebt das gelbbräunlich getönte, warme Carnat kräftig. Die
Feinheit der Durchführung, die Delikatesse der Lichter auf Kopf und Hand sind von
Piero nie wieder übertroffen.

Wie dieser Alte, sind auch die Engel hier lebhafter, naturwahrer denn die auf
dem Innocentibilde aufgefasst. Sie sind vorzüglich gelungen, und gegenüber den
etwas schwerfälligen Gestalten dort, imponieren sie nicht nur durch das reizvolle
Motiv, sondern auch durch die feine Bewegtheit der Silhouette. Sie steigt von
beiden Seiten in leichten Schwingungen gleichmässig nach der Mitte zu auf, ist jedoch
bei dem linken Engel im Gürtel gebrochen, während sie im Gegensatz dazu bei dem
rechten leicht aufgleitet und die Innenlinie gebrochen vor dem Himmel steht. Weiter
laden dann die Flügel noch einmal weit aus,
um sich oben hübsch in das Rund zu fügen.
Der Kontrast ist bei den Engeln noch weiter
durchgeführt; der rechte erhebt den Kopf, schlägt
pathetisch die Augen auf und öffnet singend den
Mund, der andere hat den Kopf geneigt und
die Augenlider gesenkt, um in dem Notenbuch
zu lesen. Jener zeigt die volle Brust, während
bei diesem die beiden Arme weit übergreifen,
der linke, um den andern Sänger zu umfassen,
der rechte, um das Buch zu halten. Beider
Köpfe umwallt lockiges, volles Haar, und sie erinnern in den vollen Formen — besonders der
rechte — an jene vielen, in den letzten Jahren

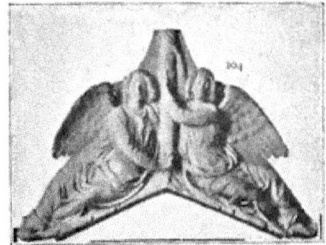

Abb. 18. Römischer Meister.
Giebelkrönung in der Skulpturensamm-
lung, Berlin.

des Quattrocento so oft von den florentiner Bildhauern zur Dekorierung der prunk-
vollen Monumentalgräber geschaffenen knieenden Engelsgestalten. Einige von Benedetto da Magano, die denselben begeisterten Augenaufschlag zeigen, auf Monumenten
in Florenz, Siena und einer in Bergamo, ferner das Grab des Forteguerri von
Verrocchio seien genannt. Nur einmal habe ich solche sitzende Engel als Giebelkrönung, wozu sie sich doch so vorzüglich eignen, in der Plastik des XV. Jahrhunderts verwendet gefunden in einem jetzt im Berliner Museum befindlichen Stück
(Abb. 18), aus der Kirche S. Apostoli zu Rom stammend, wo die beiden ebenfalls
in lange faltenreiche Gewänder gekleideten Engel einen Eichstamm, das Wappen
der Rovere, in der Mitte halten. Ob dasselbe, von einem römischen Künstler aus
der Umgebung des Meisters Andrea Bregno stammend, seinerzeit bei seinem römischen
Aufenthalt dem Piero zu Gesicht kam und die Dresdener Gruppe eine Reminiscenz ist
an jene, wird damit keineswegs erwiesen. Ähnliche Motive sind in der Malerei
öfters zu finden, so etwa von Cosimo Rosselli die Figuren, welche er al fresco in
S. Ambrogio zu Florenz an beide Seiten des Tabernakels von Mino da Fiesole malte.

Zu jener feinen Kontrastierung in dem Schwung der Linien tritt eine zarte Abwägung der Farben gegeneinander. Dieselben sind hier wohl in richtiger Berechnung

7*

… Luftperspektive heller, toniger gehalten. Diese Beobachtung, dass die Lokalfarben … in der trennende Luft gedämpft werden, gehört mit zu den bedeutendsten Fort-… der Kunst jener Zeit, die unter Lionardos Führung besonders koloristische Probleme zu lösen suchte. Das lichte Rot im Gewand des Engels links, die grünen Ärmel, das matte Violettblau und die gelben Ärmel rechts, die gegenüber den hell-… leuchtenden Gestalten vorn nur milden Lichter und duftigen Schatten, lassen den Dunst, die abstumpfende Kraft der Atmosphäre gut erkennen. Vorzüglich wiedergegeben ist, wie das leuchtende Himmelslicht unter den Armen, zwischen und an den Körpern von hinten hervorstrahlt und die Formen überflutend der Umrisslinie jede Schärfe nimmt. Leichte Dunstwolken bilden sich an dem Himmel, der von einem tiefen Blau oben zu einem matten Graublau am Horizont abgetönt ist. Ich glaube nicht, dass all diese Feinheiten sich nur zufällig ergeben haben bei Piero, einem Meister, dem alle Lichterscheinungen immer das höchste Interesse boten. Die Probleme der Beleuchtung und der Luftperspektive beschäftigten den Künstler hier im Gegensatz zu dem Inno-centibilde, wo er die ganze glühende Farbenpracht klarer Lokalfarben im hellen Sonnen-schein zu einem heiteren Farbenspiel zusammenstimmte. Es muss damals für den Künstler eine sehr bewegte Zeit gewesen sein, da in denselben Jahren ihm die Em-pfindung für die ganze niederländische Farbenpracht aufging.

Aber trotz dieser Vorzüge wird das Dresdener Bild doch als das frühere gelten müssen, da es noch eine Anzahl empfindlicher Schwächen zeigt. So ist die knieende, sich vorbeugende Maria an Brust und Hals arg verzeichnet. Es stört ferner, dass ihr rechter Arm durch das Manteltuch und den Christus ganz verdeckt ist. Die Hauptlinien der beiden Kinderkörper stossen hässlich vertikal aufeinander, wie überhaupt die Komposition der Figuren im Raume höchst mangelhaft ist, ein langweiliges Nebenein-ander zeigt. Johannes sitzt schlecht. Joseph hat eigentlich keinen rechten Platz mehr im Bilde, und es erscheinen sein und Marias Körper unter den schlecht ausge-führten Gewandlagen als plumpe Massen. Piero entwickelt da kein besonderes Formengefühl. Die bei den toskanischen und umbrischen Meistern aussergewöhnlich feine Empfindung für die schön bewegte, ausdrucksvolle Gestalt, scheint ihm, nach der unteren Gruppe zu urteilen, ganz zu fehlen. Freilich sucht er wenigstens in die Kinderkörper Leben und Bewegung zu bringen. Sie sind jedoch mit viel Braun in den Schatten nur flüchtig ausgeführt, nicht von der genauen Modellierung und ängstlichen Abrundung wie sonst die nackten Kinder Pieros. Sie erinnern mit ihren langen, schweren Leibern sehr an Signorellis Gestalten, und dies mag einst auch viel mit beigetragen haben, dass man diesem Meister das Bild zuschrieb. Auch die scharfe einseitige Beleuchtung findet sich bei den Cortonesen wieder und wie schon die lebhaft bewegte Anbetung der Hirten links im Hintergrunde der Visi-tation erkennen liess, hat Piero sicherlich mancherlei Anregung von ihm empfangen. Aber die beiden Künstler sind doch sehr verschiedenen Temperamentes, haben andere Ziele. Gerade Vergleiche mit den fein durchgebildeten, prächtig bewegten Figuren auf den z. T. vorzüglich in das Rund hineinkomponierten Madonnen dieses besten Kenners der Körperformen vor Michel Angelo lassen uns den Mangel an Formen-… mit dem Dresdner Bild stark empfinden.

… ist und bleibt Kolorist, einer der wenigen florentiner Meister, die in … Koloristen sind. Wie das Licht über die Körper, die Gegen-

Piero di Cosimo. Die heilige Familie in der Gemäldegalerie, Dresden.

stände gleitet, das will er darstellen. Das Nackte wird vom hellen Licht getroffen und, um die Wirkung zu erhöhen, giebt er den Vordergrundsfiguren einen dunklen Hintergrund in dem Fels, auf dem die Engel sitzen. Das reinweisse Kissen steht koloristisch im Kontrast zu dem warmen bräunlichen Carnat. Die Farben der Gewänder vorn sind kräftig und einfach. Maria hat ein vollrotes Kleid, einen dunkelblauen Mantel, der über den Stein gebreitet ist, und ein bläulichweiss und gelbes Kopftuch über dem schlicht gekämmten, braunen Haar. Joseph ist, wie schon bemerkt, in Blau und Gelb gekleidet. Das Stück grüne Wiese vorn zeigt hübsche weisse, rote und andere Blumen, ähnlich wie das Streetbild. Ganz vorn liegt eine geflochtene, runde Flasche.

Die Ausblicke hinten rechts und links vom Fels zeigen hübsche kleine Fernlandschaften ohne viel Farbe. Entgegen der aufsteigenden Linie des Felses ist die Horizontale hier mehr betont. Rechts schauen wir ebenes Flachland, weite Wiesen mit Ochs und Hütte, links Baumgruppen, weidende Schafherden, aus bläulichem Nebeldunst aufragende Kirchtürme und blaue Berge. Die Formen der Bäume, bald kahle Stämme, bald übervolle Kronen, sind die für Piero typischen.

12. Rundbilder der Anbetung:
a) in der Eremitage zu Petersburg (Abb. 19); b) in Galerie Borghese zu Rom (Abb. 20).

Die gleichen künstlerischen Probleme beschäftigen den Künstler noch weiterhin und er sucht immer feinere Lösungen derselben zu geben. Besonders das Leben des Lichtes, wie es in die Schatten eindringt und seine allbelebende Kraft ausübt, reizt ihn darzustellen. Hatte er darum auf dem Dresdener Tondo den beleuchteten Gestalten einen dunklen Hintergrund gegeben, so bringt er sie auf einem anderen Rundbild der Anbetung, ebenfalls mit zwei musizierenden Engeln, in einen Innenraum, in dessen Dunkel nun das Licht von hinten eindringt.

Auf dem Boden einer Hütte sitzt vorn in der Mitte das Christkind an ein Kissen angelehnt im Begriff die Hand zum Segnen zu erheben. Links von ihm knieen in Anbetung, die Hände aneinandergelegt, der kleine Johannes und hinter ihm Maria. Rechts stehen mit Flöten musizierend zwei Engel. Die Thür der Hütte öffnet sich nach hinten zu der Landschaft, wo der alte Joseph Ochs und Esel hütet.

Von diesem Bilde existieren zwei Repliken, eine in der Galerie Borghese (Abb. 20), welche dort früher als eine Arbeit aus der Schule Rafaels bezeichnet und zuerst von Morelli dem Piero zugeschrieben wurde, und eine andere in der Eremitage zu Petersburg (Abb. 19) unter dem Namen Bugiardini, welche Fr. Harck als ein ganz dem Borghesetondo entsprechendes Bild erkannte. Von dem zweiten steht mir nur eine Abbildung zur Verfügung, wodurch die Entscheidung über die Zugehörigkeit sehr erschwert ist. Hinzukommt, dass beide Gemälde sehr gelitten haben und besonders das Petersburger Exemplar fast ganz übermalt zu sein scheint.

Bevor wir auf das Einzelne und die Verschiedenheiten dieser beiden Ausführungen eingehen, betrachten wir das Gemeinsame, das beiden zu Grunde liegende künstlerische Motiv. Dasselbe ist sehr interessant und zwar so durch und durch koloristisch, dass

denn dem Piero zumuten
könne. Anregung dazu haben sicher niederländische Bilder dem Maler gegeben. In
einem niedern Innenraum befinden sich die Gestalten und heben sich vom Licht getroffen
hell von der dunklen Rückwand ab. Die Wirkung des geschlossenen Interieurs wird
erhöht durch die Thüröffnung hinten in der Mitte, durch welche das klare Tages-
licht in das Dunkel hereinflutet. Über der Thür ragt noch ein mächtiger Querbalken,

Abb. 49. Piero di Cosimo. Anbetung des Kindes in der Eremitage, Petersburg.

auf dem eine Taube sitzt, in die Luft hinaus, und darüber ist von alten Brettern
eine Art Schutzdach gezimmert. Durch die kleine zierliche Landschaft, in der Joseph
Ochs und Esel hütet, führen Wege links einen Berg hinan.

Hinzukommt als neuer Beweis für Pieros Autorschaft, dass in seiner Schule dies
Motiv der hellen Öffnung in der Rückwand schon von den noch ganz jungen Malern
verwendet ist, so auf der schon erwähnten Verkündigung in Volterra und später auf
dem ersten Altarstück des Fra Bartolomeo in Besançon. Auf erstgenanntem Bilde
ist in ähnlicher Weise zwischen dem hellen Vorderraum und dem Hintergrund ein
dunkler Zwischenraum gegeben, in den das Licht durch die beiden nach vorn und

nach hinten offnen Thüren eindringt. Das erinnert sehr stark an die Niederländer. Da es nun 1497 datiert ist, so wird man hier mit Recht einen direkten Einfluss Pieros vermuten und auf eine frühere Entstehung von Pieros Tondo schliessen können, zumal da auch sonst Entlehnungen sich zeigen. So ist in gleicher Weise hier die helle rechte Hand der Maria und wie dort die des Engels vor die das Dunkel vom Hell trennende Linie der Thür gestellt. Freilich ist das Volterrabild strenger und

schärfer gezeichnet, nicht von der malerischen Delikatesse der beiden Tondi. Die Rückwand ist auch hell und es fehlt der Reiz des dunklen Interieurs.

Wir kommen nun zu der Frage über das Verhältnis der beiden Repliken zu einander. Das Petersburger Tondo zeigt eine weniger zarte Behandlung und kräftigere Formen. Nach der Photographie zu urteilen, scheint es das früher entstandene und von Piero selbst ausgeführte, leider durch Übermalung verdorbene Exemplar zu sein. Den Engeln in ihren derben, gedrungenen Formen, mit der schwulstigen Gewandung und den Sandalen an den Füssen, die sie nur auf dieser Ausführung anhaben, entsprechen die Nymphen auf dem Hylasbilde. Die Typen der Kinder, soweit sich noch Altes erkennen lässt, und die Landschaft mit dem Ochs und Esel weidenden Joseph erinnern mehr an das Streetbild. Man kann auch den Umstand, dass hier Steine und Ähren am Boden herum liegen, ferner die sorgfältige Ausführung des Details, wie z. B. des Sattels und des abgebrochenen Balkens, die von einem Licht getroffen hinter der Maria im Dunklen sichtbar werden, als besondere Abzeichen der Frühzeit Pieros anführen. Ich glaube daher, dass es vor dem Innocentibild und dem Dresdener Tondo entstanden ist und den Bildern aus dem vorigen Abschnitt am nächsten steht.

Ganz anders steht es mit dem Borghesetondo (Abb. 20), welches sicher später ausgeführt wurde. Der Charakter des Bildes ist ein vollständig anderer geworden. Die Formen sind zierlicher, die Behandlung des Lichtes und die Stimmung der Luft sind von einer Feinheit und duftigen Zartheit, wie wir sie bisher noch nicht auf Pieros Bildern getroffen haben und die Petersburger Anbetung nicht zeigt. Man vergleiche besonders die Engel und wird hier erstaunen über die schlanken Figuren, die zarten Füsse, die feinen Hände, von denen die flötenhaltende des linken Musikanten wie dort auch z. T. hell vor der dunklen Wand, z. T. dunkel vor dem lichten Himmel steht. Aber die Ausführung ist von ganz anderer Delikatesse, wie denn ein leicht glühender Duft auf dem Ganzen liegt. Das Carnat ist ohne starke Schatten von heller Färbung. Dasselbe muss von der schönen Landschaft mit dem weissen, aufragenden Fels und dem über alles erstrahlenden Sonnenglanz gesagt werden. Wir werden lebhaft erinnert an einige Schulbilder; ja es zeigen besonders die Werke des Fra Bartolomeo um und nach 1500 so sehr dieselbe lichte Gesamtstimmung, ähnliche helle Farben, gleiche Typen, besonders der Kinder, dass sogar die von A. Bayersdorfer ausgesprochene Vermutung, dies hier sei ein Frühwerk des Frate, berechtigt scheint. Abgesehen davon, dass das Motiv des Bildes dem Frate bekannt gewesen, zeigen die Engeltypen, die lichte Felslandschaft so starke Verwandtschaft mit seiner Erscheinung der Maria vor S. Bernhard in der Akademie von Florenz[1]), dass mir wenigstens eine Beihilfe, wenn auch nicht die vollständige Ausführung, zweifellos erscheint. Die Erfindung, die malerische Gesamtidee gehört jedenfalls dem Piero, aber nie hat er so zierliche, stark vergeistigte Figuren, nie solch zarte Lichtführung gegeben. Das vermochte der sehr empfindsame Frate, aber er war derberer Natur. Seine Engel, seine Kinder, seine Hände u. a. sind immer kräftiger, gröber und realistischer. Es sind Vertreter eines niedrigeren, jedoch auch einfacheren und schlichteren Standes. Aber es lebt hier in den so schlanken und zierlichen Engeln, der fein behandelten Gewandung die entzückende Grazie, die reizende Liebenswürdigkeit der Gestalten des Klosterbruders.

Bei dem Borghesetondo könnte man fast schon an einen Einfluss Lionardos besonders auf die Lichtstimmung denken. Aber der Künstler kann auch von einem anderen Mailänder Anregung für das Kolorit empfangen haben. Morelli meint von Cesare da Sesto, dessen kleine Anbetung in der Galerie Borromeo zu Mailand grosse Verwandtschaft zeigt. Die Beeinflussung beruht dann jedenfalls auf Gegenseitigkeit. Das zarte, lichte Carnat und die Farbgebung erinnern in der That an Frühmailändisches. Gegen Ende des Jahrhunderts kamen von Mailand her die ersten Ein-

1) And. 7284.

wirkungen nach Florenz. Damals jedoch, kaum viel vor 1500, mag diese Borghese-
tafel entstanden sein, keinesfalls um 1480, wie Ulmann meint, der dies Tondo und
das sicher noch spätere Andromedabild der Uffizien mit der Konzeption in Fiesole
von 1480 zusammenbringt.

Zum Schluss möchte ich nochmals die ausserordentlich feine, ganz unflorentinische Art der Raumbehandlung hervorheben. Die Florentiner verlangen ganze,
volle Klarheit in den Bewegungsmotiven, in der Gruppierung der Personen sowohl
wie in der Entwicklung des Raumes. Die Fresken Ghirlandajos zeigen dies besonders
scharf, bis zur Trockenheit und Nüchternheit gesteigert. Die Zimmer sehen schon
mehr wie für Möbeltischler angefertigte Durchschnitte aus. Nicht viel Besseres geben

Abb. 21. Piero di Cosimo.
Anbetung des Kindes. Federzeichnung in den
Uffizien, Florenz.

andere Künstler, wie etwa Pollajuolo auf seiner Verkündigung in Berlin, wo alles
gleichmässig erleuchtet ist und Decke wie Wände mit zierlichen Mustern sorgfältig
bedeckt sind. All die Florentiner kennen die feineren Lichtwirkungen, solch
malerische Effekte, wie sie Piero hier entwickelt, noch nicht. Besonders auf dem
Borghesebild ist, freilich von anderer Hand, das Eindringen des Lichtes in einen
weiten dunklen Innenraum, das feine durchsichtige Halbdunkel dargestellt auf eine
ganz neue, ebenso geistvolle wie anmutige Weise. Man könnte fast von einer
Grazie der Lichter, wie sie sich im Dunkel bewegen, reden. Der Farbauftrag
ist hier ein ganz dünner auf hellem Kreidegrund. Als prächtiges Gegenstück zu den
reizenden Engelgestalten hat die herrliche Landschaft hinten zu gelten, welche in
ihrer hellen Luftstimmung freudig und klar hervorleuchtet. Die Details, der Joseph,
die Tiere, die Häuser, der aufragende Fels, der hohe getönte Himmel, das weit
hinaus in die Luft ragende Gerüst mit der Taube, sind von grosser Feinheit und
Sorgfältigkeit der Ausführung. Freudvoll erstrahlt über allem ein lichter Glanz.

8

Wie eine Skizze zu dieser Komposition erscheint eine kleine Handzeichnung in den Uffizien (Abb. 21). Im Rund kniet Maria nach links vor dem von einem Engel gehaltenen Kinde. Rechts hinter ihr liegt der Ochse vor dem Gerüst der Hütte. Im Vergleich mit der Studie zur Visitation zeigt dies auch in Feder ausgeführte Blatt grössere Lichtflächen, tiefere und breitere Schatten. Das Licht fällt von links oben ein, und der Effekt ist ein sehr malerischer. Die Maria hebt sich kräftig in ihrem dunklen Mantel von dem auf der einen Seite hellbeleuchteten Ochsen hinter ihr ab, und dadurch, dass ein heller Lichtstreif zwischen diesen beiden über den Boden fällt, wird sogar eine räumliche Wirkung erzielt. Die Federzeichnung erinnert in ihrer Manier sehr an die hübschen Skizzen des jungen Fra Bartolomeo, nur ist sie weniger fein und mehr auf kräftige, malerische Effekte berechnet.

IV. Der Höhepunkt von Pieros Kunst.

ca. 1500—1511.

it dem Jahre 1500 ungefähr tritt ein bedeutender Umschwung in der Kunstweise Pieros ein. Zunächst werden die Formen voller und kräftiger, die Farben tiefer und satter. Das mailändische Element gewinnt an Kraft, und zwar wird ein äusseres, politisches Ereignis, der Sturz des Ludovico il Moro 1499 in Mailand, den Anlass dazu gegeben haben. Mit den alles zerstörenden Franzosen unter Ludwig XII. war das Unheil in Mailand eingezogen. Die Künstler flohen nach allen Windrichtungen und in Florenz kehrten schon vor Lionardo, der erst 1501 ankam, Cesare da Sesto, Boltraffio, Sodoma u. a. ein. Was scheint natürlicher, als dass Piero, der ja unter seinen Landsleuten so wenig Gleichgesinnte fand, sich den eher geistesverwandten Fremden zugesellte und gierig neue Eindrücke in sich aufnahm.

a) Die kleineren Werke der ersten Jahre des neuen Jahrhunderts.

Wir behandeln zunächst eine Anzahl kleinerer Werke, deren strenge Formen und kräftige Farben sehr stark an Mailändisches erinnern. So erscheint denn eine prächtige Halbfigur der Magdalena stark unter mailändischem Einfluss, ein Jünglingsporträt fast wie ein Werk des Boltraffio.

13. **Die heilige Magdalena im Besitz vom Barone Baracco, Rom**

· (Tafel VI).

Das Bild befindet sich jetzt in der ausgezeichneten Antiken-Sammlung des Barone Giovanni Baracco und stammt vom Monte di Pietà, dem Pfandhaus in Rom, wo es als Mantegna[1] galt. Es ist ganz vorzüglich erhalten.

In dem Rahmen eines Fensters wird die Halbfigur der heiligen Magdalena sichtbar. Sie blättert in einem Buche, das vor ihr auf dem Fensterbrett liegt. Ebendort steht weiterhin ganz rechts neben einem Stück beschriebenen Papiers das Salbgefäss der Heiligen. Der Hintergrund ist einfarbig dunkel.

---

[1] Morelli bezeichnet es zuerst als Piero di Cosimo. cfr. Italienische Studien I, S. 151—153. Die Herkunft des Bildes ist unbestimmt. Schmarsow (Melozzo da Forli S. 220 Anm. 2, Repertorium XIX, S. 298) erwähnt es als in mailändischem Privatbesitz befindlich.

8*

Das helle Sonnenlicht dringt durch den schlichten Fensterrahmen ein und überflutet die am Fenster stehende Heilige, diese „schöne Büsserin, deren Ausdruck
von einer milden, liebenswürdigen Melancholie ist".[1] Über die feinen Formen, das
leicht-gelbliche Carnat des länglichen Gesichtes strahlt es dahin, bald auf der schönen
Stirn, den gesenkten Lidern, bald auf den Wangen, dem Kinn, dem Hals und der
Brust verweilend. Nirgends sind scharfe Linien, nirgends tiefe Schatten zu bemerken;
jene werden durch zarte Halbschatten, feine Übergänge oder lichte Töne ersetzt,
diese durch aufhellende Reflexlichter gemildert. So wird sehr schön durch solch ein
zurückgeworfenes Glanzlicht, das von dem hellbeleuchteten Hals ausgeht, die dunklere,
beschattete Seite des Gesichts aufgehellt.[2]
Die schlicht gekämmten, goldig-braunen Haare, deren warmer Ton noch
gehoben wird durch den zarten, matten Silberglanz der Perlenschnur, fallen nach
vorn über die fast schattenlose Brust in weichen Wellen und dann hinab über das
grüne Gewand. Da schillert es gleich von Sonnenstrahlen getroffenen Bergwassern,
die über den hellen Stein eilend sich in dem Grün der Wiesen verlieren. Die übrigen
Farben sind kräftig und gut dazu gewählt. Der Mantel, welcher über den rechten
Arm der Heiligen fällt, hochrot mit schwarzschraffiertem Schatten, ist über der Schulter
umgeschlagen. Der Umschlag und die Manschetten an den Ärmeln zeigen ein
leicht schillerndes, delikates Schieferblau, welches fein mit dem gelblichen Carnat zu-
sammenstimmt. Die vollen, weichen Hände sind mit der gleichen Sorgfalt ausgeführt
wie das Gesicht. Der einzige schärfere Ton im Bild ist das Hellgelb des linken
Ärmels. — Diese Figur in aller ihrer Farbenpracht hebt sich kräftig von dunklem
Grunde. Es ist eine Gestalt von einer Reinheit gleich dem Sonnenstrahl, der zu ihr
ins dunkle Zimmer eilt, um sie aus der Nacht zum Licht zu führen. In seiner tadel-
losen Erhaltung ist es als eins der schönsten Bilder des Künstlers zu bezeichnen.
Ein Blick zurück zu dem bisherigen Lebenswerk Pieros lässt die Strecke, die
der Künstler durchmessen hat, gewaltig erscheinen. Das zeigt besonders ein Vergleich mit der bleichen Simonetta. Es ist ein grosser Schritt von jener Aufgeregtheit
und Unruhe zu dieser malerischen Breite und Festigkeit. Dort das zarte Profil mit
den gespannt nach oben gerichteten Augen, die bleiche Haut beinahe durchsichtig
und die Form stark vergeistigt in momentaner Erregung: hier die volle Dreiviertel-
ansicht, die schweren Augenlider zum Lesen gesenkt; die Hände sind beigefügt
und das Bild ist in sich geschlossen. Die Büste steht hier vor einfarbigem dunklen
Grunde, dort vor unruhiger Landschaft. Jede nervöse Unruhe ist entschwunden
und es teilt sich dem Beschauer etwas mit von dieser lieblichen, stillen Andacht der
Heiligen in ihrer Weltabgeschlossenheit. Von der Vereinfachung der Haartracht u. a.
wollen wir nicht weiter reden. Jenes hat der stürmisch, leidenschaftlich erregte Jüngling, dieses der ausgebildete Künstler, der gesetzte Mann geschaffen; aus jenem

---

1) Morelli, It. St. I. 151.

2) Lionardo da Vinci spricht in seinem trattato della pittura von solchen Reflexlichtern,
welche er auch bei seinen Bildern fleissig anwendet. Darin ist er, wie Piero di Cosimo, der
Schüler der Niederländer. So zeigt neben anderen alten niederländischen Bildern auch das Tri-
tychen des Hugo van der Goes dies Kunstmittel besonders bei den Frauen und Engeln recht stark
in Anwendung gebracht. Für die Ausbildung der Technik in der Malerei waren die Nordländer
die Lehrmeister jener Zeit.

Piero di Cosimo. Die heilige Magdalena am Fenster bei Barone G. Baracco, Rom.

spricht phantastische Begeisterung, aus diesem freudvolle Hingabe an die Schönheit der Erscheinung.

Was nun die äussere Fassung dieser Halbfigur, die nach Venturi das Ebenbild einer florentiner Schönen ist, betrifft, so steht das Bild einzig da in der Kunst von Florenz. Die Art, wie dies reizende Motiv der Heiligen am Fenster behandelt ist, wie das ganze Licht von aussen her über sie strömt und ein dunkler einfarbiger Hintergrund zur Hebung der Figur gegeben ist, muss als ganz eigenartig, unflorentinisch[1]) bezeichnet werden. Wollen wir ähnliches sehen, so müssen wir schon nach Ober-Italien gehen. Für eine ähnlich genrehafte Behandlung kann ich jedoch nur einen Heiligen in Frankfurt, vielleicht von Cossa, anführen. Die weichen, jedoch nicht zu vollen, nichts weniger denn weichlichen Formen des Gesichtes, der Hände, die kräftige Beleuchtung, die klaren Lichtflächen, die plastisch durchgebildeten, sorgfältig modellirten Formen, und das Ganze in weitem Raume vor dunklem Hintergrunde — das alles weist auf Mailand. Besonders fühle ich mich an Boltraffios strenge Formgebung, dessen solide Technik, einfach noble Malweise erinnert. Er liebte ebenfalls seinen sorgfältig glatt gemalten Gesichtern einen dunklen Grund zu geben und verzichtete auf jede Effekthascherei. Auch seine Figuren haben etwas von der Zurückhaltung und Ruhe dieser Magdalena.

Auch an Lionardos Mona Lisa könnte man sich erinnert fühlen. Ein Vergleich der Heiligen mit ihr, mit Peruginos Porträt einer Frau[2]) (Florenz, Tribuna, Raffael zugeschrieben) und anderen, der damals nach 1500 in Florenz Mode werdenden Porträts in Halbfigur mit Beifügung der Hände ist zu interessant, als dass wir ihn uns entgehen liessen. Zunächst zeigt Pieros Bild allein das realistisch genrehafte und malerisch reizvolle Motiv der an einem Fenster in einem Buche lesenden Gestalt, mit Liebe und Sorgfalt durchgeführt. Dagegen ist das Problem, welches Lionardo in seiner Mona Lisa zu lösen sucht, ein ganz anderes. Er geht über die Auffassung all seiner Vorgänger, so auch der Niederländer, bedeutend hinaus und giebt nicht die einseitig vom Licht getroffene Figur im Innenraum, wie alle jene — möglich ist ja, dass er von einer solchen ausgegangen ist —, sondern er malt seine Gestalt in diffusem Freilicht, hüllt das Gesicht in eine Lichtwolke. Da schwinden die Lokalfarben ebenso wie jede scharfe Kontur, jede harte Linie. Die Fleischteile modellieren sich in einem matten, feinen Sfumato. Starke Licht- und Farbenkontraste giebt es nicht. Und doch welch reiche Skala von Tönen spielt von einem leichten Braungrau bis zu dem Blaugrau der Ferne. An solche Schönheit und solch grossen Realismus reicht Pieros Bild ebensowenig wie eins der andern heran. Piero zeigt hier noch jene naive Farbenfreude, wie sie auch alle Niederländer entwickeln. Nach klarer Wiedergabe der Formen und glänzender koloristischer Wirkung strebt er und offenbar ist er dazu im vollen Besitz der niederländischen Technik gewesen. Die Pracht der Farben wie die ausserordentlich feine Verschmelzung der Töne, besonders im Carnat, sprechen dafür. Aber neben Lionardos Mona Lisa gehalten, erscheint die Magdalena eckig,

---

1) Die Florentiner verstehen solch malerische Werte nicht zu prägen. Wenn sie Porträts am Fenster geben, wie etwa Botticelli (?) auf seinem Frauenporträt bei Mr. Jonides in Brighton oder Ghirlandajo auf den Porträts im Louvre und bei Benson in London, so verderben sie regelmässig die Wirkung dadurch, dass sie den Grund nicht einfarbig lassen, sondern ihn durch weitere Fenster und Ausblicke in die Landschaft verwirren und den räumlichen Eindruck eines Interieurs aufheben.

2) And. 9114.

unbeholfen, quattrocentistisch steif; die Farben dünken uns im Vergleich zu jenem zarten Farbenduft bunt, der Grund neben jener nebelhaften, phantastischen Ferne hart und trocken. Dort locken, begeistern uns die üppig schwellenden, sinnlich weichen Formen, eine nie übertroffene Feinheit des Halbdunkels, der Modellierung, so dass wir trotz der Farblosigkeit des Carnats das Blut unter der Haut fliessen, das Leben bis in die Fingerspitzen vibrieren zu sehen glauben — neben dieser vollen Sinnlichkeit erscheinen die Formen der Magdalena Pieros mager, unbelebt. Mag nun der Vergleich der bescheidenen Heiligen mit jener selbstbewussten Schönheit zu kühn sein — ein Vergleich, den gewiss wenig Bilder vertragen können —, auch neben Peruginos Porträt und anderen gleichzeitigen Bildern verliert sich nicht der herbe Eindruck. Jenes mächtige Lebensgefühl, welches alle Gestalten der Hochrenaissance erfüllt, scheint noch nicht erwacht; das starke Selbstbewusstsein der neuen Zeit drückt sich in der etwas steifen Körperstellung noch nicht aus wie bei den andern Frauen, die sich würdevoll breit geben. Dieser quattrocentistische Charakter und die länglichen Gesichtsformen, die schweren Augenlider waren es wohl, welche Morelli hier an Filippino denken liessen. Die Ähnlichkeit ist eine sehr äusserliche. Nicht nur die Farbgebung, sondern auch die Auffassung der Magdalena ist dem Piero ganz eigenartig, ganz abgesehen davon, dass niemals ein anderer Florentiner dieselbe so genrehaft am Fenster in einem Buche blätternd dargestellt hätte.

14. Jünglingsporträt in Dulwich (Abb. 22).

Malerischer in der Auffassung, feiner in der Durchführung ist das Porträt eines Jünglings, welcher sich in der schönen Sammlung von Dulwich, deren Hauptzierde spätere Niederländer sind, befindet.

Ein junger Mann ist es, den Blick nach links gewendet, das volle Gesicht eingerahmt von langem, dunkelbraunem Lockenhaar. Die Büste ist nicht weit unter den Schultern abgeschnitten. Leichte Wölkchen bilden sich am blauen Himmel hinten; links am Horizont sehen wir eine Burg.

Früher wurde das Bild dem Boltraffio gegeben, bis G. Frizzoni es als ein Werk Pieros erkannte. Als solches ist es auch in dem von J. P. Richter verfassten Katalog bezeichnet.

Beim Anblick dieses Bildes müssen wir zurückdenken an jene beiden schönen Engelsköpfe mit dem vollen Lockenhaar auf dem Dresdener Tondo. Freilich feiner und bedeutend zarter in der Lichtführung ist dies Jünglingsporträt ausgeführt. Das leuchtende Carnat ist gegenüber dem kühlen Fleischton jener Köpfe warm. Leider sind die Lichter etwas geschwächt und die Schatten nachgedunkelt. Bei der ausserordentlichen Weichheit der Formen erscheint das volle Gesicht des Jünglings beinahe schwammig. Jede scharfe Umrisslinie ist in richtiger Naturbeobachtung gemieden. Piero giebt den Nasenrücken hell und nur durch feine, dunklere Nüancierungen der Wange lässt er ihn sich abheben. Im Gegensatz dazu sind die Augenlider sehr scharf gezeichnet und wie die Thränenwinkel durch dunkle Linien genau umrissen.

Die Wirkung des Bildes ist eine äusserst angenehme in der Zusammenstimmung weniger, aber geschlossener Haupttöne. Der helle Ton des Carnats leuchtet prächtig aus dem Bilde. Auf der schönen, klaren Stirn liegt noch kein Schatten, es sind noch keine Sorgenfalten hineingezogen. Die dunklen Pupillen in den überschatteten Augenhöhlen, schwimmend in dem (etwas geschwächten) Weiss der runden Augäpfel, glühen hervor. Ein leichtes Rot liegt auf den Wangen, die Glut der vollen Lippen ist etwas ausgeblichen, sie sind weich und sinnlich, jedoch bleich. Das Gesicht wird kräftig eingerahmt von dem dunklen, neutralen Braun des herrlichen Lockenhaares. In dem kalten Blau des Himmels ist dem warmen Carnat ein Gegenton gegeben,

Abb. 22. Piero di Cosimo. Portrat eines Jünglings. Gal. Dulwich, England.

der, unser Auge abstossend, es immer wieder zu den breiten Lichtflächen des Gesichtes, der Stirn, zurückweisen muss. Das matte Hellrotviolett des Gewandes wirkt wie das dunkle Haarbraun als Nebenton. Am Horizont, hinten links, wird eine Burg sichtbar, die mit hellen grauen Farben leicht hingeworfen ist.

Jene vier Haupttöne: Blau — Hellgelb — Braun — Hellviolett, sind gut zu einander gestimmt. Harmonie und ausgeglichene Ruhe herrschen im Bild, die durch keinen Misston gestört werden. Wir können es uns sehr gut an der getäfelten Wand eines Zimmers jener Zeit in breitem, flachem Rahmen oder gar in die Wand eingelassen denken.

Im Ausdruck giebt der Kopf nicht viel. Es ist das einfache Porträt eines hübschen, in edler Entwicklung begriffenen jungen Mannes aus reicher Familie, in schlichter Haustracht. Ohne Pomp und Pose giebt er sich und schaut grade vor sich hin, nicht etwa mit dem Beschauer kokettierend, aus dem Bilde heraus. Noch war er ein Sohn des Quattrocento, wo die Medici Vorbilder waren in der Einfachheit der Lebensweise als Bürger von Florenz, und das Bild war nur für das Haus, nicht für die Öffentlichkeit bestimmt. Die Porträts um die Wende des Jahrhunderts in Florenz zeigen alle derartig einfach gekleidete Bürgersleute; auch die Form, die kurz abgeschnittene Büste, kehrt immer wieder. Hier ist jedoch schon das breitere, mehr quadratische Format gewählt, ein Zeichen vorgeschrittener Zeit, während die langgestreckten, hohen Formate, wie es auch noch die Simonetta Pieros zeigt, auf frühere Jahre weisen.

Hingewiesen muss noch werden auf die Behandlung des Hintergrundes. Derselbe ist hier vollständig der Gesamtwirkung untergeordnet und muss zur Hebung der künstlerischen Wirkung des Porträts beitragen. Piero stellt den Kopf gegen die Gewohnheit all seiner florentiner Zeitgenossen einfach vor den blauen Himmel. Nichts von einem langweiligen Fensterausschnitt hinter dem Kopf, nichts von unruhiger Landschaft ist zu sehen, und das lichtstrahlende Gesicht mit dunklem Haar eingerahmt steht prächtig vor dem klaren Himmel.

Den dunklen, einfarbigen Grund hatte der Künstler für die Magdalena gewählt, entsprechend der besonders in Mailand beliebten Weise. Dieser Kopf hier ist lionardesker in der Behandlung der vom Lichte getroffenen Formen, Konturen, breiter in der Wiedergabe der grossen Licht- und Schattenflächen, malerischer in der Gegenüberstellung einfacher, mehr gedämpfter Farben. Lionardos Mona Lisa scheint schon Wirkung ausgeübt zu haben, und das Bild mag ca. 1504 entstanden sein.

15. Maria mit den beiden Kindern bei Th. Lawrie in Glasgow (Abb. 23).

In dieselbe Zeit gehörend und besonders der Magdalena verwandt ist ein schönes Madonnenbild in Besitz von Thomas Lawrie in Glasgow, wohin es erst vor kurzem gelangte. Es stammt aus der „Casa Ginori" in Florenz und wird von Crowe-Cavalcaselle[1] und andern als Signorelli erwähnt. Leider habe ich das Bild nicht gesehen, welches, nach der Photographie zu urteilen, in gutem Erhaltungszustande ist.

Im Rund sehen wir die Madonna, welche die beiden vor ihr auf der Brüstung sich umschmenden Kinder mit den Händen hält. Sie ist in Dreiviertelfigur gegeben und senkt den Kopf. Hinten sehen wir in üppiger Landschaft rechts den heiligen Bernhard am Pult erstaunt vorschauend, dahinter auf einer Anhöhe eine Kirche. Links kniet neben einem Fels vor dem Kreuz der greise Hieronymus. Die hügelige Landschaft wird von einem Fluss durchzogen, an dem Häuser liegen.

Mit Signorelli hat das Bild absolut nichts gemein. Es fehlen den Gestalten nicht nur die signorelleske Beweglichkeit und Kraft der Formensprache, sondern auch die umbrische Sentimentalität. Das Tondo giebt uns ein Gemisch filippinesker Motive, die besonders reichlich in der Landschaft zu finden sind, und mailändischer Formen. Die nach Crowe-Cavalcaselle bei den Kindern an Sodoma erinnert. In der That weisen die fettigen, schwammigen Kinderkörper nach Oberitalien, ganz abgesehen davon, dass das Motiv der beiden sich umarmenden Kinder aus dem Norden zu stammen scheint.[1])

Im Vergleich mit den früheren Bildern, dem Innocentibilde sowohl wie dem Dresdener Tondo u. a., muss diese Fülle der rundlichen Formen, die auch bei den Händen der Maria bemerkbar wird, sehr auffallen, wenn auch schon der Christus auf dem

Abb. 23. Piero di Cosimo. Maria mit den beiden Kindern bei Th. Lawrie in Glasgow.

Louvrebild an Wulstigkeit nichts zu wünschen übrig liess. Der Kopf der Mutter ist nicht mehr von der früheren zarten Bildung, sondern hat eine kräftigere, länglichere Form angenommen, ähnlich derjenigen der Magdalena, und wie bei dieser fallen die Haare in weichen Wellen frei über die Brust. Freilich ist — nach der Photographie —

[1]) Vergl. Neapel, die beiden sich küssenden Kinder, alte Kopie nach einem Mailänder Original (Boltraffio?). Ein anderes Tondo, dem Pieros mit Beifügung von zwei Engeln sehr ähnlich, befindet sich jetzt in schottischem Privatbesitze und stammt aus Casa Nuti. Es wurde von Raffaellino del Garbo ca. 1505 (vergl. das Berliner Tondo) ausgeführt. Aus der Ähnlichkeit dieser Bilder kann man wohl auf gleichzeitige Entstehung schliessen.

das Spiel des Lichtes auf den nackten Körperteilen nicht annähernd von gleicher
Feinheit und Lebhaftigkeit. Die Schatten erschienen mir sogar für Piero zu hart und
tot, so dass ich fast an der vollen Eigenhändigkeit zweifelte. Kenner, die das Bild
gesehen und mir gütige Mitteilung machten, haben mich darüber hinweggesetzt.

Die Farben des Bildes sollen sehr glänzende sein: das Carnat warm bräunlich,
beinahe metallisch glänzend; der Mantel der Maria blau, die Ärmel rot, das Tuch
auf dem Kopfe schillernd changeant; in der schönen Landschaft treten die tiefen
leuchtenden Töne des Erdbodens und die bunten Blumen des Vordergrundes sehr
hübsch hervor. Auf der linken Schulter der Maria liegt ähnlich wie bei der
Magdalena rechts ein bunter Shawl, ebenso wie über die Balustrade vorn ein farbiges
Tuch gebreitet ist und ein weisser Pergamentstreif sich rollt. Die Balustrade hat auch
hier wieder Piero benutzt, um den Raum nach vorne hin abzuschliessen und seine genrehafte Gruppe dem Beschauer in eine sinnliche, greifbare Nähe zu rücken. Das Bild
gehört sicher in das Cinquecento und mag ca. 1504/5 entstanden sein. In wie
weit die Ähnlichkeit der Kinder mit denen auf Raffaels la belle jardinière — man
vergleiche die beiden knieenden Johannes — nur eine äusserliche ist, kann ich ohne
Kenntnis des Bildes nicht beurteilen. Andrea del Sartos derbe Kindergestalten haben
wohl Schulverwandtschaft.

Dieser Datierung widerspricht nur scheinbar der Hintergrund. Die üppige, etwas
unruhige Landschaft mit den Wegen und Wassern, die sich durch die bewegte Ebene
schlängeln, dem steilen Fels an der Seite, der turmreichen Stadt in der Ferne erinnert mehr an Filippinos spätere Bildungen, während die früheren feiner, romantischer
mehr Waldinneres zeigen. Besonders an die Münchener „Erscheinung Christi vor der
Maria" (1495) musste ich denken, auch bei der Gestalt des Hieronymus. Während die
linke Seite mit dem steil abfallenden Fels und den Häusern am Bach, über den eine
Brücke führt, etwas unklar ist und nichts Besonderes zeigt, bietet sich rechts ein hübsches
kleines Idyll. Der Heilige Bernhard blickt von seinem Pult auf, offenbar erschreckt
durch den Lärm, welchen der krallenfüssige, geierartige Teufel durch Umwerfen von
Säulen und Mauern rechts veranlasst. Links vor ihm wachsen Gestrüpp und ein schlanker
Baum, hinter ihm führt rechts eine vom Licht getroffene alte Thür nach aussen und
ein Weg hinauf zur Kirche auf dem Hügel, deren mächtiges Gewölbe überragt wird
von einem viereckigen, oben spitzen Turm. Ein Seitenschiff und andere kleine Gebäude, von Bäumen beschattet, liegen daneben. Grade derartige reizvolle Ansichten
von Kirchenplätzen werden wir noch öfters auf späteren Bildern finden, ebenso wie
jene Ausblicke in die Ebene. Sie sind besonders charakteristisch für Piero.

b) Die grossen Werke unter dem erneuten Einfluss Lionardos.

16. Die Anbetung der Hirten in Berlin (Tafel VII).

Der bedeutende Einfluss von Lionardo und seinem feinen Halbdunkel macht
sich zuerst geltend auf einem Bilde, das Piero auf der Höhe seines Könnens und frei
von jeder Befangenheit in technischer wie kompositioneller Hinsicht zeigt. Es ist die
Anbetung der Hirten in Berlin. Einst dem kräftigsten und glanzvollsten Koloristen

Die Anbetung der Hirten. Gemäldegalerie, Berlin.

Mailands, dem Gaudenzio Ferrari zugeschrieben, ist es, was das Kolorit betrifft, in der Leuchtkraft, dem Glanz der Farben, jedenfalls als ein Hauptstück von Pieros Kunst anzusehen.

Auf dem erhöhten Steinboden im Innern einer Hütte kniet rechts die Maria in Anbetung gebeugt über das am Boden sitzende Kind, welches die Linke segnend zu ihr erhebt Diesem zunächst kniet links der greise Joseph, in lebhafter Erregung die Hände ausgebreitet. Hinter ihm steht die würdige Gestalt des Stifters, eines Mannes in den besten Jahren, während weiter links ein Bauer mit einem Böcklein unter dem rechten Arme kniet. Mit der Linken lüftet er den grossen Strohhut. Den Hintergrund bildet eine sehr schöne Thallandschaft mit rechts und links aufsteigenden Bergen. Auf den Abhängen rechts sehen wir Ochs und Esel, ein Schutzdach und einen Getreideschober neben prächtigen Baumgruppen, links den Tobias mit dem Engel und weiter oben die Verkündigung an die Hirten.

Dieses Bild, welches von Morelli in die Frühzeit, von J. Meyer in das Jahr 1404 gesetzt wird, ist sicher ein Erzeugnis der besten Jahre Pieros, gemalt ungefähr 1505. Manches erinnert entfernt an frühere Bilder. So gemahnt die Art, wie die Figuren auf einem isolierten Podium dargestellt sind, getrennt von der ferneren Landschaft durch die Mauer und das Gerüst der Hütte, an die Visitation. Aber wie äusserlich nur ist diese Ähnlichkeit, denn es sind nicht nur das Carnat, infolge der bräunlichen Untermalung, gegenüber jenem bleichen Fleischton viel wärmer, die Lichter leuchtender, die Farben glänzender geworden, sondern auch in der ganzen Freiheit der Gruppierung, in der leichten Lebhaftigkeit der Gestalten zeigt sich ein bedeutender Fortschritt.

Entgegen dem schweren, in der Bewegung zurückhaltenden, mehr sinnenden Charakter der Gestalten auf den meisten übrigen Bildern Pieros ist hier alles Leben und momentane Erregung. Schon bei der Besprechung des Dresdener Tondo hatten wir auf das Besondere in der bewegten Gestalt des kleinen Jesus hingewiesen; hier nun finden wir eine ganze Stufenleiter innerer Aufgeregtheit wiedergegeben. Der Vorgang beschäftigt ausserordentlich intim alle Gemüter, nimmt sie alte sehr stark in Anspruch. In hoher Begeisterung beugt sich die Mutter anbetend über den Gottessohn, von ihm den Segen zu empfangen. Der greise Joseph scheint erstaunt, erregt über die plötzlich hervortretende Gottesnatur des Kindes. Der Hirt, der die Verkündigung gehört und schnell herbeigeeilt ist, neigt sich voll inniger Hingebung und Verehrung vor. Weniger stark beteiligt, steht ruhig, in Anbetung die Hände gefaltet, die prächtige Gestalt des Stifters da. Das Bild zeigt uns den ganzen Piero, der naturwahr und schlicht die Scenen aus der heiligen Geschichte, und hier besonders lebhaft die inneren Vorgänge schildert. In dieser Intimität der geistigen Auffassung, wo der künstlerisch-ästhetischen Darstellung noch ein gut Teil menschlich-ethischen Empfindens beigemischt ist, erscheint Piero reiner Quattrocentist und kommt er seinen nordischen Vorbildern sehr nahe. Dass der feine Psycholog und Porträtist zu gleicher Zeit hervorragender Landschaftsmaler und Kolorist ist, kann wohl als eine oft wiederkehrende Erscheinung gelten.

Über allem strahlen fröhlicher Sonnenglanz, volle Farbenpracht von einem Glanze uns entgegen, wie ihn Piero selbst selten seinen Bildern gab, nie jedoch einer seiner Zeitgenossen in Florenz zu geben vermochte. Wenn je, so werden wir hier an Andrea del Sarto erinnert, lernen wir hier verstehen, wie viel er seinem Lehrer verdankt. Wir können dem Piero nach diesem Bilde im besonderen den

9*

… nennen Das Ganze beherrscht eine sonnig-strahlende … wir sie nur auf venezianischen, vom Norden her beeinflussten … zu sehen gewohnt sind. Wenden wir uns dem Einzelnen zu. Was zunächst den Erhaltungszustand des … betrifft, so ist manche feine Lasur verloren gegangen, wie auf so vielen seiner Bilder. Er trug offenbar die letzten Farbschichten nicht kräftig genug auf, so dass die … oder roten Untermalungen bald durchdrangen. Und trotzdem erscheint die Anbetung als glänzendes Gegenstück zu der farbreichen Verkündigung des Pollajuolo an derselben Wand des Museums. Von dem lichten grauweissen Fussboden lodern die glanzenden Farbtöne auf. Maria in einem Mantel von prächtigem Dunkelblau mit leuchtend grünem Umschlag über einem feinen, hellwarmroten, mit einem leichten Stich ins Orange getönten Kleid, ist der Glanzpunkt des Bildes. Die Farbtöne sind gut erhalten. Die dunkelbraunen herabfallenden Haare heben die Silhouette ihres schönen, kräftigen Profils, die Leuchtkraft des Carnats ihres weichen, vollen Gesichts, während feine schillernde und durchsichtige Schleier von dem Haupte über das dunkle Haar und auf die Schulter sich legen. Das lichte Carnat ist in dem leuchtenden Glanz ähnlich dem der Magdalena, aber farbiger und wärmer im Ton. Das Gesicht trägt den späteren Frauentypus des Piero, er ist länger und kräftiger entgegen jenem mehr rundlichen Gesicht auf früheren Bildern. Sie faltet die vollen Hände in Anbetung zu dem kleinen Christus. Vorzüglich bewegt, erinnert er in den gedrungenen, rundlichen Formen an die Kinder auf dem Madonnentondo in Glasgow. Lebhaft und frisch ist er sehr reizend in seiner Natürlichkeit. Sitzend auf einem dunkelvioletten Tuche, teilt es erregt den Segen aus. Die Haarperücke, die Verzeichnungen im Gesicht des Kindes sind spätere Übermalungen. Doch was sagen solch kleine Schäden gegenüber der feinen Wiedergabe der leicht über die Formen gleitenden Lichter, der Breite des flüssigen Farbauftrages.

Der greise Joseph ist besonders ähnlich dem Petrus auf dem Innocentibilde. Sein weissbärtiger Kopf ist einer jener kräftigen Greisentypen, deren Piero so viele schuf. Die ganze Gestalt wie auch Gesicht und Hände sind sehr gut beleuchtet. Das zarte, leicht violettlich schillernde Rosa am Umschlag des gelben Manteltuchs oben an der Schulter erinnert sehr an den fein blauen Shawl auf der Schulter der Magdalena. Die ganz vorzügliche Gestalt des kräftigen Mannes hinter Joseph, die offenbar — nach niederländischer[1] Art — das Porträt des Stifters darstellt, überragt alle vorderen Figuren und giebt ihnen in seiner würdevollen Ruhe einen gewissen Halt.

Die beste Figur vielleicht ist die derbe Gestalt des Hirten links, der in knieender Stellung, ähnlich der des Hieronymus Lionardos und des Hieronymus auf dem Glasgower Tondo im Hintergrunde links, sich nach vorn drängt, das Kind zu schauen. Im dem rechten Arm hält er ein Böcklein, mit der linken Hand lüftet er seinen … graugelben Strohhut. Ein Sonnenstrahl streift sein kräftigbraunes Gesicht … eine Gestalt und lässt leicht, den hellbraunen Rock, die grünen Ärmel und blaugrauen … bald hier, bald dort aufhellend. Mit besonderer, an Lionardos Hieronymus

---

[1] … Zeit in Florenz Bilder, wo die Stifter so frei in Scenen aus der … sind, nicht bekannt. Die grosse Anbetung Botticellis mit der … etwas ganz Besonderes.

gemahnender Kraft ist der seitliche Lichtauffall gegeben. Helle Lichter und tiefe Schatten treten energisch gegeneinander und die Wirkung ist eine bedeutende. Dabei hat Piero das Einzelne mit alter Sorgfalt und Liebe ausgeführt. Die linke, derbe, rote Hand, deren Finger, an den Rundungen und Nägeln vom Licht getroffen, starke Glanzlichter zeigen, kann für ein mustergültiges Beispiel von Pieros damaliger Malweise gelten. Piero liebte die Reflexlichter auf dem Gesicht, den Händen und Nägeln sehr. Schon die Fleischteile auf der Visitation, dem Dresdener Tondo und dem Innocentibilde zeigen ähnliche Reflexe, aber noch nicht in solch kräftiger routinierter Art. Dass hier eine Stimmung der Töne zu einander nicht nur im einzelnen, sondern auch im ganzen erstrebt und erreicht ist, wird leicht ersichtlich. Maria und Joseph stehen im Gegensatz. Jene in Blau, Grün und Rot, dieser in Rot, Gelb und Blau, die andern haben neutralere, dunklere, oft kräftige braune Töne. Freilich wird die Harmonie etwas gestört durch den unangenehmen Ton, den im Mantel des Joseph das Gelb — eine Farbe, die nur selten den alten Glanz bewahrt — angenommen hat. Im Raume heben sich die Figuren, die, von links her von der Sonne getroffen, ihre Schatten nach rechts werfen, kräftig von dem hellgrauen Ton des Bodens. Die freie, geschickte Gruppierung der Gestalten muss besonders hervorgehoben werden. So bilden Maria und Joseph eine Gruppe — sie beide beugen sich über das Kind — und die Männer ordnen sich auf der einen Seite im Dreieck zu einander gegenüber der Maria mit dem Kinde auf der andern Bildhälfte. Dabei macht die Anordnung einen ganz ungezwungenen, natürlichen Eindruck. Die Gestalten fügen sich leicht in den Raum, der nach hinten abgegrenzt ist durch die niedrige Mauer und das offne Gerüst der Hütte. Freilich ist störend, dass nach vorne kein kräftiger Raumabschluss vorhanden ist und der Künstler ähnlich wie Hugo van der Goes einen zu hohen Augenpunkt genommen hat. Die Raumwirkung wird dadurch beeinträchtigt und durch jene starke Isolierung des vorderen Podiums nach hinten wird ein unbehagliches Gefühl geweckt. Die Vordergruppe drängt sich aus dem Bilde heraus und die Landschaft erscheint als ein Bild für sich, da eine Verbindung derselben mit dem Vordergrunde nicht vorhanden ist. Diesen Mangel einer Vermittlung zwischen Vorder- und Hintergrund mussten wir schon öfters tadeln. Das Raumgefühl und die Technik jener Zeit waren noch nicht genügend entwickelt. Es hat lange noch gewährt, ehe man die Landschaft als Ganzes fasste und den Mittelgrund genügend durchbildete.

Diese Landschaft, das schönste Bild im Bilde, kann als eins der glänzendsten Dokumente für die bedeutende malerische Begabung, das feine Naturgefühl Pieros gelten. Er giebt eine helle lichte Hügelscenerie. Es sind jene hellen, mit feinem Gras bewachsenen Kalkberge, wie sie um die Mitte des ersten Jahrzehntes des XVI. Jahrhunderts auf florentiner Bildern häufig zu sehen sind (cfr. Fra Bartolomeo, Erscheinung; Albertinelli, Louvrebild; Andrea del Sarto u. a.), ein neuer Beweis, dass das Bild erst später, ca. 1505 [1]), entstanden ist. Besonders imponierend sind die einfachen, grossen Motive, welche das Ganze beherrschen. Unser Blick wird in der Mitte zunächst in ein Thal geleitet, wo eine zerfallene Brücke über ein schäumendes Wasser führt und wir eilen weiter an Häusern und Bäumen vorbei in die Ferne. Ein

---

1) Auch der Umstand, dass die 1510 datierte Anbetung der Hirten von Ridolfo Ghirlandajo in Pest von dieser Anbetung Pieros beeinflusst zu sein scheint, spricht für die späte Entstehung.

kaltes Blau legt sich hinten über die Berge, liegt auf der Ebene am Horizont, während der Himmel unten hell, nach oben, durchzogen von Wolken, kräftigere Töne annimmt. Von diesem strahenden Himmel glänzend abstehend, erhebt sich an der rechten Anhöhe, auf grüner Wiese, über das Thal, die ferne Ebene sich neigend, jene herrliche Gruppe von Bäumen. Das feine lichtgrüne Laubwerk des einen sich unten schon verzweigenden Baumes steht, nach oben immer mächtiger ausladend, grossartig vor dem Weiss der Wolken und dem Blau des Himmels. Daneben fehlen die zarten Stämmchen nicht, die mit ihrem gelben Laube fein in die blaue Luft ragen. Nach rechts, hinter der Gruppe, folgt ein grosser gelber Getreideschober, dann das knorrige, phantastische Astwerk eines abgestorbenen Baumes, an deren Stamm ein Strohschutzdach befestigt ist. Weiter nach rechts und nach unten steht der graue Esel und liegt der dunkelgelbe Ochse, beide wieder ausgezeichnete Tierstücke. Links sehen wir auf dem höher aufsteigenden Berg, dessen gelblicher Boden bewachsen ist mit zartem Grün, die schöne Gruppe des Tobias mit dem Engel, die in ihrer kräftigen Bewegung zurück an die Anbetung hinten auf der Visitation und an Signorelli erinnert. Weiter oben auf sonnenstrahlender, duftiger Wiese empfangen die zwei andern Hirten die Verkündigung von dem in der Luft schwebenden Engel. Dieses schöne, uns so nahe gerückte Landschaftsbild erscheint in seinem einfachen Realismus und feinen Sonnenglanz bedeutend erhaben über all die kleinen florentinischen Fernbilder.

Was solch eine liebevolle Hingabe an die Schönheiten der Natur in damaliger Zeit zu bedeuten hat, kann nur der Kenner florentinischer Kunstweise richtig schätzen. Denn auch Filippino Lippi, der von den Zeitgenossen Pieros — natürlich der grosse Lionardo immer ausgenommen — noch das meiste Verständnis für landschaftliche Schönheit zeigt, kann hier kaum zum Vergleich herangezogen werden. Sein schönstes Bild, die Madonna im Grünen zwischen Hieronymus und Dominicus in der National-galerie in London, steht im Kolorit weit zurück hinter solchen Leistungen. Es birgt, wie alle seine Landschaften, eine reiche Fülle phantastischer Gebilde und reizender Durchblicke, wirkt jedoch schwer in der grau- bis schwarzgrünen Tönung. Piero dagegen ist begabt mit sehr feinem malerischen Empfinden und ordnet hier alles, was er darzustellen gedenkt, einem höheren künstlerischen Motive unter. Da seine Bilder, die Anbetung nicht zum wenigsten, Farbkompositionen sind, müssen wir sie als solche zu begreifen, zu geniessen suchen, wenn auch der kalte Reif von Jahr-hunderten sich zerstörend auf all die Farbenpracht gelegt hat.

17. Porträt des Francesco Giamberti im Haag (Tafel VIII).

18. Porträt des Giuliano da Sangallo im Haag (Abb. 24).

Die Bilder, denen wir uns nun zuwenden, bringen im Anschluss an Lionardos Freilichtmalerei eine allmähliche Abkühlung in der Farbgebung, neben der eine weitere Vervollkommnung der Technik zu bemerken ist. Zudem erreicht Pieros Können im Porträtieren sowohl wie in kompositioneller Hinsicht jetzt erst seine Höhe. Das beweisen zwei Bildnisse, welche in der Porträtmalerei der Zeit eine sehr beachtens-werte Stellung einnehmen. Beide befinden sich im Haag und sind schon den be-

Abb. 24. Piero di Cosimo. Porträt des Giuliano da Sangallo. Im Haag.

deutendsten Porträtisten zugeschrieben worden. Die Namen der Dürer, Holbein, Lucas
van Leiden u. a. haben auf ihren Rahmen geprangt. G. Frizzoni[1]) erkannte zuerst

---

1) Arte italiana S. 249.

... Hand Pieros und vermutete mit Recht in ihnen die von Vasari am Schluss von
... Biographie als im Besitz von Francesco da Sangallo befindlich erwähnten Porträts. Dass der jüngere (Abb. 24) Giuliano da Sangallo ist, wird zweifellos erwiesen
durch die Ähnlichkeit des Kopfes mit seinem Holzschnittporträt vor dessen Biographie
bei Vasari. Offenbar ist Pieros Bild sogar das direkte Vorbild dazu gewesen.

Dieser Kopf, in ³/₄ Ansicht gegeben, zeigt ziemlich weiche, wenig markante Züge. Unter
dem dunklen Barett quellen die schon grauen Haarlocken hervor; die Augen sind wenig geöffnet,
da die oberen Lider schlaff herabhängen; die nicht grosse Nase scheint leicht gebogen; die Ober-
lippe bedeckt ein schwacher Schnurrbart; das kleine Kinn tritt zurück; Falten durchziehen das
nicht sehr volle Gesicht. Das Kostüm ist reich. Ein ärmelloser, schwarzer Mantel ist über eine
Jacke von gemustertem Stoff geworfen, ein Umlegekragen aus weissem Linnen umschliesst leicht
den Hals. Auf der roten Balustrade mit schwarzen Streifen, die das Bild nach vorne abschliesst,
liegen eine Feder und ein Zirkel. In der Hand, die man selbst nicht sieht, da die Büste, wie
die andere, wenig unter der Schulter abgeschnitten, soll er einen Kompass halten. Frizzoni glaubt
einen solchen rechts am Rande zu sehen. Hinten ist eine Landschaft mit dunklen Baumgruppen,
Häusern und fernen Bergen sichtbar.

Schliessen wir daran gleich die Beschreibung des andern Porträts (Tafel VIII):

Offenbar als Pendant zu jenem gedacht mit ganz gleichen Maassen, ebenfalls hinter einer
schwarzroten Balustrade, vor einer hügeligen Landschaft mit Bäumen und Häusern, sehen wir
das scharfe, kräftige Profil eines bartlosen Alten mit langer, leicht gebogener Nase und energisch
vortretendem, schlecht rasiertem Kinn. Das Auge ist erregt nach oben gerichtet, Runzeln durch-
furchen das Gesicht, die Stirn; das Ohr ist missgeformt nach vorn gebogen und das struppige
Haar presst sich am Nacken hervor unter der hohen, steifen, ziegelroten Mütze. Das Kostüm
zeigt eine braune Jacke, mit vorstehendem Hemdstreif am Hals und schwarzem Mantelüberwurf
(armellos wie dort). Vorne liegt ein Notenblatt.

Nach dem Notenblatt müssten wir eigentlich in dem Dargestellten einen Musiker
vermuten und nicht den Francesco di Bartolo Giamberti, der ein biederer Zimmer-
mann und zudem schon 1480 verstorben war. Aus kleinen Verhältnissen hatte er
sich emporgearbeitet und kaufte sich auf seine alten Tage von seinen Ersparnissen
ein Landgut vor der Porta da San Gallo. Daher tragen dann seine Söhne und Nachkommen den Namen da Sangallo und er hat so als Stammvater dieser berühmten
Künstlerfamilie zu gelten. Wir wissen von Vasari, dass Piero eng mit den San-
gallos befreundet war, wofür auch die Mitteilung, dass Francesco da Sangallo das
Porträt des Piero besitze, spricht. Eine Entscheidung darüber, ob hier Francesco
Giamberti oder, nach dem Notenblatt zu schliessen, ein Musiker dargestellt sei, wird
sich kaum fällen lassen. Jedenfalls ist es, nach der gleichen Grösse zu schliessen, als
Pendant zu dem Porträt des Giuliano gedacht.

Beide Bilder befinden sich leider wie verloren in einer Galerie, wo die glänzendsten
niederländischen Bilder vereinigt sind. Neben dieser Farbenpracht können sie um
so weniger bestehen, als grade das Carnat sehr gelitten hat. So hat das Gesicht
des Alten in Profil durch das Hervortreten der rötlichen Untermalung einen scharfen
roten Ton bekommen. Gradezu unangenehm wirkt die stechend-ziegelrote Mütze. Im
übrigen tritt, vom hellen Seitenlicht getroffen, die Büste in dem braun-schwarzen Kostüm
härter hinter der roten Balustrade zurück. Sie erscheint sehr lebenswahr; markig
... der Kopf in der Luft. Die Energie des Ausdrucks ist vorzüglich gegeben in der
... Seitwärtswendung des Kopfes zum Lichte, ins Profil und in den pathetisch,
... in Konzeption eines neuen Werkes nach oben gerichteten Augen.

Piero di Cosimo. Portrat des Francesco Giamberti. Im Haag.

Diesen Ausdruck der Kraft erhöht noch die gebogene Nase, das kräftig vortretende Kinn, das missgeformte Ohr und die starrigen struppigen Haare, die unter der hohen, roten Mütze vorkommen. Die Malweise ist eine sehr breite und die dünnen, flüssigen Farben sind leicht aufgetragen. Jede scharfe Linie vermeidend, hat Piero nur matte, durchsichtige Schattenflächen gegeben und die Lichter teilweise aufgesetzt. Der schwarzbraune Überhang giebt den dunkelsten Ton; das Carnat ist ganz licht, leider eben, wie schon bemerkt, rot geworden.

Sehr gut erhalten ist die reizvolle Landschaft hinten, wo ein ländliches Kirchenfest gefeiert wird. Zu der einfachen Kirche zieht die Prozession hin. Alles leuchtet im hellen Sonnenglanz, wir sehen helle Wiesenflächen und links vorzüglich ausgeführte, stattliche Gebäude, von denen her Wege sich schlängeln zur Kirche und nach vorn. Auf letzterem schreitet ein Kriegsknecht und ein Reiter strebt energisch vorwärts, in der Stellung an Verocchios Colleoni erinnernd. Über allen wölbt sich blauer Himmel, an dem sich leichte Wolken bilden. Auf der Balustrade, die das Bild nach vorn abschliesst und auf der jenes genannte Notenblatt liegt, ist ein Tuch mit breiten rot und schwarzen Streifen gebreitet.

Die Fortschritte, die Piero gemacht hat, zeigen sich hier überall. Die Formgebung, die Charakterisierung und die malerische Behandlung der Köpfe scheinen in gleicher Weise vervollkommnet wie die Geschlossenheit der landschaftlichen Bilder. Dafür legt das andere Bild noch beredteres Zeugnis ab. Die etwas weichen, nicht sehr kraftvollen Gesichtszüge lassen einen intelligenten Menschen von sanftem Charakter erkennen. Das passt gut zu Giulianos architektonischen Schöpfungen. Er bevorzugte das Zierliche — wie sein reizender Klosterhof von S. Maria Maddalena dei Pazzi in Florenz und sein Bestes, die kleine Kuppelkirche Madonna delle Carceri in Prato, ein griechisches Kreuz mit Tonnengewölben, am glücklichsten zeigen. An der Güte des Porträts, der Feinheit des psychologischen Ausdrucks können wir wohl erkennen, dass hier nicht ein beliebiger Porträtist, sondern ein Porträtmaler ersten Ranges und zwar der Freund den Freund abkonterfeite und mit Liebe sich an die Wiedergabe der charakteristischen Züge machte. Es muss dies um 1505 gewesen sein, dafür sprechen nicht nur das graue Lockenhaar, die Falten am Auge, welche auf einen angehenden Sechziger schliessen lassen (Giuliano war 1445 geb., starb 1516), auch der Stil weist in diese beste Periode von Pieros künstlerischer Thätigkeit.

Dies Porträt ist besser als das andere erhalten und nicht nur in der Modellierung des seitlich beleuchteten Kopfes, in dem mehr bräunlich weicher getönten Carnat und in der Breite der Behandlung, sondern auch als Porträt vorzüglicher als jenes. Zudem erreicht Piero hier sogar eine gewisse Naturwahrheit in der Wiedergabe der Stoffe. Der dunkle, weiche Sammt der Kappe, das schwere Brokat der Jacke und der leichtere Überwurf, der schlaffe, nicht steif geplättete weisse Umlegkragen sind ihm bei leichter Pinselführung gut gelungen.

Auf beiden Bildern erscheint Piero im vollen Besitz seiner malerischen Kunstmittel. Da ist kein Probieren und Tasten mehr, keine mühsame, ängstliche Sorgfalt in der Auspinselung von Einzelheiten zu bemerken. Jene glatte Detailmalerei ist gewichen einer breiteren, malerischen Ausführung. Frisch und leicht setzt er die Töne auf, jede harte Linie ebenso meidend, wie tiefe schwere Schatten. Überall giebt er zwischen den Lichtern und Schatten weiche Halbtöne als Übergänge, ohne jedoch

... ein pedantisches Verschmelzen der Lichter und Schatten, wie es selbst der ... der Magdalena noch zeigt, dem Bild etwas Schweres zu geben, das Carnat zu ... und hart zu stimmen. Es finden sich in der Natur, in dem ewigen Wechsel der Töne, dem immer lebendigen Spiel der Lichter für unser Auge ebensowenig scharfe Umrisslinien wie allzu feste, klare Töne, reine Tinten. Das hat Piero offenbar von Lionardo gelernt und bei seinem unausgesetzten Studium der Natur erkannt. Darum hat er jene Feinheit der Ausführung, die allzu plastische Durcharbeitung aufgegeben, an ihre Stelle eine breitere Pinselführung gesetzt. Es resultiert ein sehr lebensvolles, naturwahres Bild. Ohne jene frühere Schärfe steht der Kopf sehr lebhaft vor uns, die Unbestimmtheit und Weichheit der nur matten Schatten belebt die Züge — wir erkennen hier sehr wohl den Lehrer des ersten Koloristen Mittelitaliens, des Andrea del Sarto. Der Farbauftrag ist wieder kräftig und gewandt. Hübsch ist, wie er dem Giuliano die einzelne Haarlocke an der Wange vor hellem, blauem Himmel hängen lässt, wohl um das allzugleichmässige Abstehen der dunklen Schattenseite des Gesichtes vom Himmel zu vermeiden.

Noch einige Worte über die vordere Brüstung, durch welche das Dreidimensionale, das Räumlich-plastische der Figuren kräftig gehoben wird. Wie günstig solch ein vorderer Abschluss wirkt, lässt sich bei diesem erkennen, hinter dem wir die Figuren stehend und gehend zu sehen glauben. Das ist ein Kunstmittel, das, aus dem Norden, aus den Niederlanden stammend, schon früh in Florenz auftaucht, aber selten mit rechtem Verständnis gehandhabt wird. Das Porträt eines Goldschmieds bei Corsini[1]) in Florenz, das sogenannte Porträt des Verrocchio von Lorenzo di Credi[2]) in den Uffizien u. a., sind frühe Beispiele, aber nicht annähernd von gleicher realistischer Wirkung. Piero giebt frische, glänzende Landschaften als Hintergrund, und so erscheint es fast, als ob die Figuren hinter der Balustrade vorbeigingen, um dann seitlich zu verschwinden. Bei dem Porträt des Giuliano hat er dem Grunde, entsprechend dem kräftigeren Ton des Gesichtes und des Kostüms, auch tiefere Töne gegeben als bei dem andern. Das Blau des Himmels ist viel dunkler denn dort. Schöne, volle Baumgruppen wachsen neben, vor weissgetünchten Häusern auf, die Hügel steigen nur sanft nach den Seiten an und aus der Ferne leuchten in tiefes Blau getauchte Berge und Burgen phantastisch auf. Diese Landschaften sind ganz vorzüglich, sie übertreffen in ihrer kräftigen Zeichnung und saftigen Farbe die auf der Berliner Anbetung.

10. Die Konzeption der Maria in den Uffizien (Tafel IX).

Der Einfluss Lionardos wächst immer mächtiger an und tritt am stärksten hervor in einem Bilde, das in vielen Beziehungen, nicht zum wenigsten in der Komposition, als die bedeutendste Leistung Pieros zu gelten hat. Es ist die schon längst bekannte Konzeption in den Uffizien.

Maria steht in freier Landschaft auf einem Sockel, den Blick zu dem in Form einer lichtspendenden Taube über ihr schwebenden heiligen Geiste erhebend. Vor ihr knieen auf ebener

[1] Almari 1218.
[2] Anderson 7001.

Erde rechts Margaretha, links Katharina mit dem Rade, beide mit im Profil nach oben gerichtetem Blick. Hinter jener stehen Petrus und St. Antonius, hinter dieser der jugendliche Evangelist Johannes und St. Filippus. Die Köpfe der Heiligen werden überragt auf beiden Seiten von nach der Mitte steil abfallenden, mit schönen Bäumen, mit Kirchen und Hütten gekrönten Bergen. Rechts klimmt die heilige Familie hinan, links geschieht die Verkündigung an die Hirten und ihre Anbetung. Die Verkündigung an die Maria ist in Steinfarbe klein an ihrem Sockel angebracht.

Gemalt wurde dies grosse Bild für die Kapelle dei Tedaldi in der Kirche de' Frati de' Servi, der jetzigen Annunziata. Vasari[1]) beschreibt es sehr ausführlich und zum Schluss fügt er ein besonderes Lob hinzu. Er preist die feine Zeichnung der Köpfe, die zarte, verschmolzene Malweise und meint, dass Piero besonders das Malen in Öl verstanden hätte. Weiterhin rühmt Vasari noch die Predellenstücke, besonders eine Magdalena, die dem Bauche einer Schlange entsteigt. Leider sind dieselben verloren gegangen. Aber auch von dem Erhaltenen haben wir keinen grossen Genuss, denn es hat eine rohe Restauration durchmachen müssen und mit dem Firnis sind alle feineren Lasuren, die zarten oberen Schichten abgerieben. Die Lichter sind scharf, die Schatten schwer, die Halbtöne stumpf, die Oberfläche ist rauh geworden, und die Farben haben nichts mehr von alter Glut. Der Schmelz, das „continovato" ist herunter, der einstige Glanz der Farben dahin. Eine Ruine steht vor uns und oft werden Härten viele Betrachter zurückschrecken. Und in solch trümmerhaftem Zustande hängt das Bild in dem schmalen Gange der Uffizien, wo man es wegen der Enge nicht überschauen, wegen der Reflexlichter nicht im Einzelnen betrachten kann, dazu alle Mängel bei dem scharfen, direkten Licht besonders stark hervortreten. Wer betrachtet überhaupt diese aus den Sälen „ausrangierten" Bilder im Korridor. Piero hat Unglück. Seine Bilder sind in alle Lande zerstreut oder in Privatsammlungen versteckt, und was in italienischen öffentlichen Sammlungen sich befindet, ist möglichst schlecht aufgestellt. Wer soll ihn da würdigen lernen? So ist er lange verkannt gewesen. Wenn wir Fehlern, Mängeln begegnen, so müssen wir uns immer fragen, ob die Schwächen des Künstlers oder die zerstörenden Kräfte von Jahrhunderten da die Schuld tragen.

Doch nun wollen wir näher an das Bild herantreten und uns zunächst den Gegenstand der Darstellung erklären. Derselbe ist ein höchst sonderbarer, der in der italienischen Kunst jener Zeit kaum zu finden ist.[2]) Es ist nämlich eine „Konzeption", aber im Gegensatz zu dem ersten Jugendbild, das die immaculata Conceptio Mariae darstellt, d. h. wo sie empfangen, geschaffen wird, der Moment, in dem Maria empfängt, der heilige Geist über sie kommt. Zur Verkündigung fehlt der Engel, der nie weggelassen wird, trotzdem er dem immer stärker werdenden Streben nach einer konzentrierten Komposition durch sein einseitiges Erscheinen sehr unbequem sein musste. Zudem ist eine Verkündigung schon am Sockel, auf dem Maria steht, reliefartig in Steinfarbe angebracht. Das Bild giebt die konzipierende Maria umgeben von Heiligen; die Verkündigung unten ist das vorhergehende Ereignis, während

---

1) Vas. IV. 137/8. E per il vero, ci sono parti bellissime; come certe teste, che mostrano e disegno e grazia, oltra il colorito molto continovato: e certamente che Piero possedeva grandemente il colorire a olio.

2) Mir ist diese Darstellung nicht wieder begegnet. Signorellis „Konzeption" in Cortona (Baptisterium) stellt die Schöpfung der Maria dar, wie Pieros erstes Bild in Fiesole.

die Anbetung der Hirten und die Flucht nach Ägypten hinten uns die darauf-folgenden Begebenheiten vorführen. Es sind in der Gestalt der Maria jene Worte der Schrift[1]) illustriert, die der Engel, nachdem er ihr die bevorstehende Empfängnis verkündet, auf ihre Frage: „Wie soll das geschehen? Sintemal ich von keinem Manne weiss" antwortet: „Der heilige Geist wird über Dich kommen und die Kraft des Höchsten wird Dich beschatten; darum auch das Heilige, das von Dir geboren wird, wird Gottes Sohn genannt werden." Wie vorzüglich ist dieser Moment hier wiedergegeben. An Stelle des kaum wirksam darzustellenden Beschattens ist ein Überstrahlen mit einem hellen Lichtstrom getreten. Das Lichtproblem hat den Künstler ausserordentlich gereizt. Der heilige Geist schwebt in Form einer Taube auf die Maria hinab. Das Licht überflutet die prächtige Gestalt, die, gehüllt in ein sattrotes Gewand mit grünem Mantel darüber, in schöner Fülle kräftig vom blauen Himmel sich abhebt. Sie ragt isoliert von den übrigen Gestalten hoch auf dem Sockel über dieselben hinaus. Besonders schön stehen das im Lichte glänzende, von dem dunklen Haar fein umfasste, erhobene Gesicht mit aufwärts blickenden Augen und die helle Brust vor dem an dieser Stelle aussergewöhnlich dunkelblau getönten Himmel. Die Grösse des Moments kommt ganz zum Ausdruck in der gehaltenen Ruhe und Würde der Gestalt, die, in reiner Vorderansicht gegeben, keine Erregung, nur gottselige Hingebung zeigt. Auf ihrem Haupt, den Schultern liegen leichte, schillernde Schleier. Zur Erhöhung des Eindrucks der Ruhe und Geschlossenheit ist das über ihren rechten Arm gerade herabfallende Tuch als Richtungslinie, als ruhige Vertikale beigegeben, durch die auch die feinen Bewegungen der Silhouette mehr bemerkbar werden.

Von besonderer Feinheit sind die Hände der Maria, wie auch die Gestalten. Man beobachte das zarte Lichtspiel in ihrer erhobenen Linken, die feinen Schatten und springenden Lichter vor dem vollen Rot des Kleides. Das Helldunkel ist mit grösster Gewandtheit und Delikatesse ausgeführt. Die Schärfe des einseitigen Sonnenlichtes hat er stark abzuschwächen gesucht, was bei dem jetzt verdorbenen Bilde jedoch kaum zu erkennen ist. Das Licht ergiesst seinen milden Glanz aus dem Himmel über der Taube direkt über die Maria, über die sämtlichen Gestalten, die sich um die Mutter Gottes gruppieren. Lichtführung, Farbgebung wirken hier mit der Linien- und Massenkomposition zusammen. Die Anordnung der Figuren ist streng symmetrisch gehalten, so dass die Heiligkeit des Moments auch hier nicht durch verworrene Disposition gestört wird. Die Maria erhebt sich allein in voller Figur vor freiem Himmel, als die Spitze eines gleichseitigen, etwas steilen Dreiecks, welches sie mit den beiden knieenden heiligen Frauen bildet. Diese, Magdalena zur Rechten, Katharina zur Linken, entsprechen sich fast genau. Beide wenden den Blick zur Angebeteten empor, die Gesichter in reinem Profil. Nur die Hände zeigen einige Unterschiede. Die eine hat dieselben einfach in Anbetung zusammengelegt, die der andern sind lebhafter bewegt und zeigen wieder sehr feine Beleuchtungseffekte. Noch schöner als die wie in Erstaunen erhobene Linke mit dem Palmenblatt, ist die Rechte, welche ein zart leuchtendblau eingebundenes Buch hält. Die Hände der Frauen wie der Männer, von feinen Halbschatten und zarten Glanzlichtern geformt, haben alle die

---

[1]) Ev. Lukas 1, 34—35.

Piero di Cosimo Die Konzeption der Maria in den Uffizien, Florenz.

weichen, vollen, ziemlich grossen Formen, wie sie nur auf Pieros späteren Bildern zu finden sind. Besonders die Berliner Anbetung zeigt ähnliche Bildungen. Piero versäumt übrigens auch hier nicht, seine Schönen reich mit Broschen, mit schillernden Schleiern und Bändern, die bald auf dunklem Haar, bald auf dunklen Gewändern aufliegen, zu schmücken.

Die übrigen Figuren ordnen sich rechts und links nach der Tiefe leicht halb-kreisförmig symmetrisch zu beiden Seiten des Sockels. Sie sind nur durch kleine Kontraste in den Stellungen, in den Neigungen und Wendungen der Köpfe und Haltungen der Hände differenziert.

Hinter der Katharina steht zunächst der schöne jugendliche Johannes mit dem Adler. Reiches Lockenhaar quillt um sein liebliches Gesicht, welches, im Typus verwandt früheren Engelsköpfen, einen erneuten Einfluss Lionardos ausser Zweifel lässt. Die Gestalt ist sehr fein und reizvoll, das Beste, was Piero an jugendlichen Figuren geschaffen. Mit der übergreifenden Rechten weist Johannes auf die Maria, die Linke hält er leicht an die Brust und schaut dazu aus dem Bilde heraus auf den Beschauer, als ob er demselben seinen Glauben bekennen und ihn auf den heiligen Moment aufmerksam machen wolle. Dasselbe thut die entsprechende Ge-stalt auf der rechten Seite, der greise Petrus, der nur ohne Kontraposto mit der derben Rechten auf die Gottesmutter weist, während seine herabhängende Linke Buch und Schlüssel hält. Hinter ihm steht der heilige Antonius, der sein abgemagertes, bartloses Gesicht nach oben wendet und in begeistertem Augenaufschlag den Blick zur Maria erhebt. Auf der andern Seite entspricht ihm die kräftige Männergestalt des Filippus, der, einen schönen Lilienstengel zwischen den zusammengelegten Händen haltend, sein volles Gesicht im Profil nach oben zur Maria richtet, das Bild eines gesunden, wohlbeleibten Klosterbruders.

Es sind alles prächtige Charaktertypen, Männergestalten aus den verschiedenen Lebensaltern: der anmutige, begeisterte Jüngling, der kräftige, besonnene und wenig erregte Mann, der einfach gläubige und der fanatische, sich kasteiende Greis. Freilich sind nicht alle Gestalten sonderlich belebt. Manche sind etwas geistlos, ähnlich denen des Lorenzo di Credi.

Kräftiger als in der Komposition sind die Figuren in der Farbgebung der Ge-wänder kontrastiert. Die vollen Farbtöne in dem Kleid und Mantel der Maria hatten wir schon bezeichnet. Das Blau des Himmels und der Ferne umspielt sie fast ganz und isoliert sie so von den andern auch koloristisch. Diese nun schliessen auch in den Farben sich zu Gruppen zusammen. So hat die Katharina ein dunkelblauviolettes Kleid und einen leuchtend roten Mantel. Die Magdalena ist in rotviolettliches Kostüm gekleidet mit glänzend grünem Mantel darüber. Diesen Farben zum Kontrast giebt Piero dem hinter jener stehenden Petrus einen grellgelben Mantel, mit dunkelrotem Umschlag über blauem Rock; der Antonius dahinter ist in schwarzem Mönchshabit. Auf der andern Seite sehen wir entgegen dem scharfen Gelb beim Petrus ein dunkles Rotviolett im Mantel des Johannes über blauem Rock. Der heilige Filippus ist wie Antonius dunkel (dunkelblauviolett) gekleidet. Die Land-schaft in der Mitte zeigt einen eigentümlich kalten, mattblauen Ton. Die Felsen sind erst hellbraun, dann weiter oben heller mit grünem Gras bewachsen.

Die Farben sind im allgemeinen denen auf den letzten Bildern sehr verwandt. Freilich haben sie viel von ihrer Leuchtkraft, ihrem Glanz verloren, so dass sie gegenüber den Tönen auf dem Innocentibilde und auch denen auf der Berliner Anbetung weniger glänzend erscheinen. Dies ist gewiss nicht so allein die Folge einer schlechten Restauration, sondern das Resultat eines weniger sorgfältigen Farbauftrages. Vielleicht hat Piero auch Versuche mit neuen Bindemitteln gemacht, und es entsprach wohl der Absicht des Künstlers, eine reiche Fülle von feinen Halbtönen und Farbnüancen zu geben. Piero weist sich hier als ein äusserst gelehriger Schüler Lionardos aus. So dämpft er die Lokalfarben und sucht an Stelle niederländischer Farbpracht lionardeske Tonigkeit zu setzen. Die Farben werden abgestumpft, matt nach blau hin abgekühlt und verlieren ihre Wärme und Leuchtkraft zu Gunsten einer matten Gesamtstimmung. Ferner erstrebt und erreicht hier Piero, wie auch schon auf den Porträtköpfen, eine realistische Wiedergabe der Stoffe: den schweren Tuchstoff, den schillernden Sammt, die glitzernde Seide erkennen wir. Der Künstler, dem die Augen geöffnet sind für eine Fülle von Lichterscheinungen, für das Vibrieren, das Leben der Luft zwischen den Dingen, ist in ganz anderer Weise Realist, denn der einstige Kolorist, der besonders nach schönen, glänzenden Farbzusammenstellungen, leuchtenden Lichtflächen verlangte. Lange nicht mehr in dem Masse wie früher strebt Piero Dunkel gegen Hell oder umgekehrt zu stellen, um starke Effekte zu erzielen. Jetzt sind ihm die Gewänder, nicht mehr nur gut genug, grosse Farbflächen ohne Form zu bilden, wie selbst noch auf der Berliner Anbetung, sondern er arbeitet dieselben sorgfältig durch und giebt eine Fülle von schönen durchgebildeten Faltenmotiven. Dies, die Betonung formaler Motive, die strenge Klarheit im Aufbau, die symmetrische zentrale Anordnung, die Gelassenheit und würdevolle Schwere der Gestalten weisen das Bild unbedingt ins Cinquecento, lassen es als ein Glied in der Reihe glänzender Altarwerke erscheinen, die vielleicht den Charakter der Hochrenaissance am reinsten geben.

Von dem Geist, der in den grossen Madonnenbildern Fra Bartolomeos herrscht, lebt gewiss auch manches hier. Aber ich glaube nicht, dass seine Hand mitgeholfen hat. Das Temperament ist doch ein anderes, ein mehr sinnliches Wesen macht sich hier bemerkbar, während gerade die Werke des Frate aus dem ersten Jahrzehnt bis 1509 etwas Asketisches haben. Die Freude am Sein, am Geschauten wird hier nicht beunruhigt, gestört durch ein allzu starkes religiöses Empfinden. Das entspricht dem Charakter Pieros und in noch höherem Masse dem seines Schülers, des Andrea del Sarto, der wohl eher dem Piero besonders bei der Ausführung der Gewänder Beihilfe geleistet hat. Die Entstehungszeit des Bildes wird in die Jahre zwischen 1506—10 fallen. Der Umstand, dass die schönen, vollen Mariengestalten in den Jahren 1508—12 sehr häufig erscheinen (Bartolomeo, S. Marco und Berlin; Albertinelli, Akademie), wird eher für eine noch spätere Entstehung sprechen.

Noch bleibt uns übrig, vom Hintergrund, von den entzückenden landschaftlichen Idyllen oben auf den Felsen über den Häuptern der Heiligen zu sprechen. Sie überraschen wieder durch die Erfindung. Pieros reiche Phantasie scheint, besonders, was landschaftliche Motive betrifft, unerschöpflich. Hier wird es wieder klar, dass er unbedingt als der erste Landschaftsmaler von Florenz zu gelten hat. Auf welchem Bild eines anderen Florentiners finden wir solch prächtige Palmen.

Die eine links schwer, wuchtig, breitet sich über den Brunnen, vor schimmerdem Gemäuer, während die andere rechts freudig emporstrebt und beinahe wie vom Sturm bewegt sich etwas nach der Seite neigt. Unter dieser klimmt der Joseph den ansteigenden Weg empor, den Esel, auf dem Maria mit dem Kinde sitzt, nach sich ziehend. Er will eben den Weg umbiegen, hin zur Kirche, die am Ende eines grasbewachsenen Platzes liegt. Dieser, weiterhin von Gebäuden eingefasst, wird eben von einem Sonnenstrahl erhellt, der durch das lichte, weisse Gewölk am Himmel bricht. Links hart über dem steilen Felsabsturz, steht eine knorrige Olive, aus deren Knoten noch einige feine Ästchen aufsteigen, ähnlich dem Stamm mit dem feinen Laubwerk auf dem Berliner Bilde; weiterhin nach rechts wächst üppiges Gestrüpp. Auf der andern Seite sehen wir links von der Palme hinter jenen Trümmern in einer offenen Hütte die Anbetung des Kindes. Rechts ist zunächst am Brunnen der Esel, und weiter hinten auf dem Berge oben weidet eine Schafherde auf hellgrüner Wiese. Gebäude stehen auf überragender, schwindelnder Höhe. Auch hier bilden, wie drüben, duftige Wolken den Hintergrund. Die Ausführung auch dieses entzückenden Idylls ist von vorzüglicher Feinheit, wie sie grade wieder auf letzterem, unter Lionardos Einfluss ausgeführten Bilde zu finden ist.

Nur flüchtig erwähnt haben wir die Verkündigung des Engels an die Maria am Sockel, auf dem die Empfangende steht. Derartige Darstellungen in Steinfarbe finden sich schon früh auf den Bildern der Schule Pieros.

20. Der Tod der Prokris in der Nationalgalerie, London
(Tafel X, vor dem Titelblatt).

Ein gütiges Schicksal hat uns noch eines jener grossen mythologischen Genrebilder, die Vasari so preist und in denen Pieros Natur vielleicht am reinsten zur Aussprache kam, bewahrt. Da nun die vollendete Technik seiner besten Jahre in den Dienst seiner Phantasie tritt und der Künstler so der Innerlichkeit der Auffassung vollen Ausdruck zu geben vermochte, so entstand ein Werk, das nach meiner Ansicht nicht nur das beste Bild auf dem Gebiete des Genres, sondern auch die reizvollste Schöpfung Pieros genannt werden muss.

Auf dem Bilde, welches sich in der Nationalgalerie zu London befindet, wird der Tod der Prokris in folgender Weise dargestellt:

Prokris liegt auf grüner Wiese mit einer Wunde am Halse. Links kniet ein Satyr und neigt sich über sie, die Linke auf ihre Schulter legend, mit der Rechten den Kopf leicht erhebend. Zu ihren Füssen, ganz rechts, sitzt der getreue Hund Lelaps. An beiden Seiten wächst leichtes Gestrüpp, in der Mitte breitet sich eine Wiesenlandschaft, mit Hunden, Kranichen, an den Ufern eines Flusses, der sich in die Ferne zieht.

Jahrtausende werden wir zurückgeführt in die Märchenzeit[1]) des griechischen Volkes. Das Schifflein trägt uns hin zu den Gestaden eines fernen Landes. Dichte Wälder, belebt von allen möglichen Fabelwesen, von Nymphen und Satyrn, von jagenden Göttern und davoneilendem Wild, betreten wir. Da lichtet sich das Dunkel

---

1) Ovid, Metamorphosen 7, 493 ff.

und eine grüne Wiese leuchtet uns entgegen. Fröhliches Flötenspiel hatte uns hingelockt, aber auf einmal war es verstummt. Wir treten hinaus in das Freie und was sehen wir vor uns? Eine weibliche, nur mit einem roten Tuch und Schleier bedeckte Gestalt liegt hingestreckt auf duftiger, blütenreicher Wiese. Die klagende Stimme eines der bocksfüssigen Waldbewohner, der bei ihr kniet, verkündet uns das Geschick. Noch kann er es nicht glauben, dass sie tot ist, die Prokris, die Tochter des Erechtheus. Er neigt sich herab zu ihr, die er vorn übergefallen auf dem Gesichte liegend gefunden hat, und nachdem er den Körper nach oben gewendet mit der Linken, die noch auf ihrer Schulter liegt, erhebt er vorsichtig mit der Rechten den hingesunkenen Kopf. Aber das Leben ist erloschen, nicht kann er sie erwecken aus dem ewigen Schlafe. Grausam rächt sich die Artemis, der die Tote einst aus Liebe zum Kephalos entflohen. Der Mann brach ihr die Treue, und die einstige Herrin, zu der sie Hilfe suchend geflüchtet, gab ihr als Geschenk für ihren Geliebten und nicht zum Heile den immer sein Ziel treffenden Speer. Die keusche Göttin der Jagd wusste zu gut, dass Liebe und Eifersucht bei den Frauen nicht zu trennen sind, sie sah voraus, dass die heimkehrende Prokris den Gatten, der ihr einmal die Treue gebrochen, nicht aus den Augen lassen werde. Und so war sie ihm doch einst auf der Jagd gefolgt, um, im Gebüsch versteckt, ihn zu beobachten. Sie regte sich; ein Geräusch; er glaubte, es sei ein Wild, der nie fehlende Speer enteilte seiner Hand, und die Geliebte war hingestreckt auf ewig, dort, wo der Waldgeist sie gefunden. Zu ihren Füssen, entsprechend dem Satyr, sitzt traurig der treue Hund, auch ein Geschenk der Diana, dessen Windschnelle nichts enteilte.

Wie fein ist die Auffassung, wie bedeutend fortgeschritten dies letzte grosse Bild im Gegensatz zu dem Venusbild in Berlin, mit dem wir Pieros Entwicklung begannen. Auf beiden Bildern giebt er liegende nackte Figuren, auf beiden flache Wiesenlandschaft. Zunächst wirkt die Vereinfachung des Problems, der Umstand, dass hier nur eine Figur liegend gegeben ist, äusserst angenehm. Entsprechend der vorwärtsgeschrittenen Zeit hat Piero es hier in besonders hohem Masse auf eine grosse Gesamtwirkung abgezielt. Wir finden hier denn auch Feinheiten, die das frühere Bild nicht aufzuweisen hat. Das Carnat der liegenden Prokris ist sehr viel delikater, zarter, ich möchte sagen, keuscher. Es ist ganz hell gestimmt, nur dünne, leichte Schatten modellieren die Formen. Die plumpe Schwere des Körpers, der, eben vom Satyr auf die Schmalseite gedreht, recht unbeholfen erscheint, die ungeschickte Lage der Arme entsprechen hier ganz gut dem Motiv, und Prokris ist so wohl mit Absicht vom Künstler als tot, als willenlos charakterisiert. Etwas mag auch die Ungeübtheit im Zeichnen nackter Körper daran Schuld tragen. Wie bei der dahingestreckten Toten jede dunkle oder grelle Farbe gemieden ist, so zeigt auch die feine Landschaft nur duftige, zarte Töne. Während der Hintergrund des Venusbildes voll von bunten, kalten Farben und hübschen Einzelmotiven ist, hat der Künstler hier sein gross gehaltenes Bild auf eine schöne Gesamtwirkung abgestimmt.

Das leuchtende Rot des Mantels — der einzige kräftige, glänzende Farbton im Bilde neben den Dolden der Blumen rechts und links —, die lichte grüne Wiese dazu mit den reizenden bunten, roten und weissen Blümchen sind sehr fein zu dem zarten Carnat gestimmt. Dazu beugt sich alles zu der Toten wie trauernd herab. Die Vertikalen neigen sich mählich, lösen sich von den seitlichen Rändern. Das Gebüsch, die Blumen folgen dem sich nach der Mitte senkenden Linienzug, der bald mit dem Hund sich nur leicht beugt, bald über den Rücken des Satyrs und dessen linken Arm herabgleitet zur toten Schönen. Dieser Waldgeist hat im Gegensatz zu der ganz lichten, duftigen Tönung des Frauenkörpers ein schönes, weiches, bräunliches Carnat. Die Haare sind sehr leicht und breit behandelt, ebenso wie das dunkle Hüfttuch und die Bocksbeine. Diese Gestalt mit dem so zarten Sfumato, dem weichbraunen, warmen Ton vor der blauen Ferne, ist so lionardesk wie keine andere Figur Pieros. Neben dem Satyriden hat allein der treue Hund einen tieferen Ton. Prächtig steht er vor dem hellen Grunde in der Luft mit seinem mehr glatten, leuchtenden Braun. Volle Symmetrie herrscht in dem Bilde, das in der anspruchslosen Schlichtheit und der beinahe klassischen Einfachheit unbedingt in das Cinquecento und zwar in seiner Art zu den Meisterwerken gehört.

Aber aus der tiefen Empfindung, der feinen Seelenmalerei spricht ganz der alte Geist Pieros. Jene Unbeholfenheiten kommen dazu, uns zurück an die Jugendzeit zu erinnern. Die alte Naivität, die ganze Empfindsamkeit der Jugend tönt hier im Alter in diesem Bilde nach. Es ist das zarteste Idyll jener Zeit.

All den Geschöpfen der Natur hat Piero seine alte Liebe bewahrt. Den Menschen sowohl wie den Tieren, den Blumen im Felde und den grossen Gebilden, den Flüssen und Bergen. Hatten schon frühere Bilder den feinen Tiermaler erkennen lassen, so sehen wir ihn hier gewissermassen sich selbst übertreffen. Der treue Hund der Prokris ist ganz vorzüglich, voll Leben und Ausdruck. Ferner zeigt der Künstler in der Gruppe von drei weiteren Hunden rechts im Mittelgrund und in der Wiedergabe von Kranichen, des Schwans u. a. seine Kunst. Diese Tiere befinden sich alle als unentbehrliche Gegenstände in einer Landschaft, in der alles so simpel erscheint, dass man kaum besondere berechnete Feinheiten darin vermuten wird. Und doch ist alles ausserordentlich tief durchdacht. Die Wiese stuft sich bis zum Wasser in verschieden getönten Höhenlagen ab, sich schlängende Wege führen zum Ufer. Die schimmernde Wasserfläche, in die das ferne Ufer einschneidet, führt uns in die Tiefe. Die vielen, nach hinten kleiner werdenden Schiffe, die aus der Ferne kommenden Kraniche, die nur mit leichten Tönen angedeutete Stadt am andern Ufer, und endlich die immer matter werdenden, vom Strome unterbrochenen Höhenzüge, all das soll unser Auge in die Tiefe leiten und trägt viel dazu bei, die Raumwirkung zu erhöhen. Alles, auch das schwache einsame, fast blattlose Bäumchen am Ufer, hat seine Bedeutung im Bilde. Ohne dieses emporstrebende Stämmchen würde man die leichten Neigungen der Horizontalen kaum empfinden und man würde vielleicht den Eindruck flacher Oede haben. Koloristisch besonders wirkungsvoll ist, wie das blendende Braun des Hundes und die weich warmen Farben des Satyrs kraftvoll vor dem duftigen Hintergrund stehen, die fein und bestimmt gezeichneten Formen in kräftigen Gegensatz zu der in feinem Nebeldunst versinkenden Ferne treten. Die Formen des Vordergrundes werden sehr lieblich vom Licht und Duft umzittert, und am schönsten vielleicht wirkt, wie unter dem Kopf des Hundes und wie unter dem Arm, an der Brust des Satyrn das Wasser hervorschimmert. Dies schöne Motiv gab er schon bei den Engeln des Dresdener Tondos, freilich nicht in gleicher Feinheit.

Was die Entstehungszeit betrifft, so darf man sich nicht durch die scheinbare Ähnlichkeit in den Motiven, in der Landschaft mit dem Venusbild in Berlin irre

11

führen lassen. Der Glanz der Farben — das Rot der einzig glühende Ton und das tiefe Braun vom Fell des Hundes seien genannt — und die Weichheit des Carnats bei den Figuren weisen auf bedeutend fortgeschrittene Technik. Jahrzehnte trennen beide Bilder. Das Lionardeske im Ausdruck des Satyrn und die vollen Haare erinnern an den Johannes der Konzeption. Das Bild wird um 1510 entstanden sein.

Mit diesem schönen Idyll schliessen wir die Gruppe der grossen Gemälde Pieros ab, in denen er bald als liebenswürdiger Erzähler, bald als ernster Verehrer der Mutter Gottes, bald wieder als realistischer Porträtist erscheint. Vielseitig in den Themen, vielseitig in der Malweise, oft glatt, leuchtend, oft zart skizzenhaft in den Farben.

V. Kleinere Werke der letzten Zeit.

ca. 1508—1521.

E s bleibt uns noch übrig einige Werke zu besprechen, die zwar nicht zu den ersten Leistungen des Künstlers gehören, jedoch weitere interessante Einblicke in sein Können gewähren, neue Seiten seiner Kunst uns zeigen. Einige derselben fallen in der Entstehungszeit noch mit den letzt besprochenen Bildern zusammen, ohne dass es jedoch möglich wäre, bestimmte Jahre anzugeben.

a) Die farbenprächtigen Bilder.

Wir möchten daher auf eine historische Anordnung verzichten und mit Absicht eine Gruppe von Bildern zuerst behandeln, die in ihren kräftigen, schönleuchtenden Farben dem Charakter von Pieros Malweise am besten entsprechen, obwohl sie einigen anderen, die später besprochen werden, zeitlich nachstehen.

Zunächst sind zu nennen zwei Stücke, die zu einer Gruppe von genrehaft behandelten Madonnenbildern, wie sie in Florenz in dem Jahrzehnt 1505—1515 ausserordentlich beliebt waren, gehören. Auf beiden ist Maria in ganzer Figur, mit beiden Kindern genrehaft und nicht in Anbetung, wie auf früheren Bildern gegeben. Beide Bilder befinden sich in Wien.

21. **Madonnenbild in Galerie Lichtenstein, Wien (Abb. 25).**

Das eine, welches sich in der Galerie Lichtenstein in Wien befindet, unter dem Namen G. Bugiardini, wurde vor kurzem als Piero erkannt.

Die Mutter sitzt mit dem Kinde im Schosse auf dem Erdboden. Während sie selbst in dem Buche liest, welches aufgeschlagen links auf einem Baumstumpf liegt, wendet sich Christus segnend zum kleinen Johannes, der von rechts her mit gefalteten Händen herantritt. Hinter der Maria hängt ein dunkles Tuch von einem Baume. Die Landschaft zeigt hinten rechts eine Stadt, links einen Berg mit Hirten und Schafherde.

Das Motiv im allgemeinen ist raffaelisch. Zahlreich sind die Madonnenbilder, auf denen der Umbrer Maria auf dem Boden im Freien sitzend und mit den Kindern beschäftigt darstellte. Aber wenn auch manche derselben, etwa die aus dem Hause Alba in Petersburg, ähnlich den einen Fuss ausstrecken, verwandter noch sind die

11*

Schöpfungen von Pieros Schüler, Fra Bartolomeo.   Das Motiv der tiefsitzenden
Madonna stammt von Signorelli, von dessen Hand allein in den Uffizien zwei Stücke

Abb. 25.   Piero di Cosimo.   Madonnenbild in Galerie Lichtenstein, Wien.

der Art hängen. Bei einem Vergleich mit der heiligen Familie vom Frate in Pans-
hanger möchte man einen unmittelbaren Zusammenhang für äusserst wahrscheinlich
halten. Die Position der beiden Marien ist fast die gleiche und die grossen

Lichter auf den schönen, breiten Faltenlagen des Mantels kehren hier wie dort wieder. Freilich ist die malerische Behandlung bei Fra Bartolomeo eine viel freiere, leichtere und geistreichere.

Hinzu kommt, dass Pieros Bild offenbar nur flüchtig, vielleicht in der Not ausgeführt wurde. So sind die Kinder recht schlecht hingemalt, die Madonna erinnert in dem vollen Gesichtstypus und den rundlichen Händen an Mailändisches und auch an die Köpfe der Maria, des Johannes auf der Konzeption. Das von einem seitlichen Oberlicht voll getroffene Gesicht mit dem lieblichen Lächeln der üppigen Lippen und der breiten, klaren, von hellbraunem Haar eingefassten Stirn wird kräftig gehoben durch den dunklen Hintergrund, der durch ein schwarzes Tuch gebildet wird. Aus der Art, wie dieses mit den Enden an den dürren Ästen eines Baumes festgeknotet ist, spricht vielleicht am stärksten Pieros Eigenart. An das Innocentibild wie an die Magdalena werden wir erinnert. Piero hebt so durch starke Kontraste, während etwa Fra Bartolomeo auf genanntem Bilde helles Gemäuer hinter den Kopf der Maria setzt. Bei diesem erscheint so alles zarter, malerisch feiner empfunden, bei Piero plastischer, derber. Auch darin ist er mehr Quattrocentist.

Dasselbe gilt vom Kolorit. Zwar treten das warme Rot des Kleides mit dem gelbgrünen Shawl, das Blau und Grün des breitfaltigen Mantels, das Rot des Bucheinbandes vor dem braunen Grund kräftig hervor, aber nicht nur den Leistungen seiner Schüler, sondern auch den eignen gegenüber erscheinen die kräftigen, glatten, zwar glänzenden Farben hart, kalt. Das Ganze ist zu wenig malerisch, ohne jenen Sonnenglanz, jenes Leben des Lichtes, welches gerade er so fein wiederzugeben verstand. Darum zweifelte ich auch manchmal an der Zugehörigkeit, indem auch die Reizlosigkeit der Landschaft mich befremdete. Nur wenige, dürftige Blumen schmücken den eintönig-bräunlich gefärbten Boden, während Piero doch so reich die bunten Blüten streut über die lichten sprossenden Wiesen. Darum vermute ich auch hier ein Werk des Künstlers aus den letzten Jahren vor mir zu haben. Wegen der geschickten Technik, der flüchtigen Malweise und wegen der kräftigen Aussprache in Formen wie Farben muss ich diese Art Bilder in die Zeit der Konzeption setzen. Die Verwandtschaft mit den Madonnen des Frate weist es in die Jahre nach 1510. Zwar erinnert manches an der Maria und in der Landschaft nicht nur noch an das Innocentibild, sondern auch an die Berliner Anbetung. So kehrt der Berg links hinten mit den lagernden Hirten und weidenden Schafen fast gleich auf letzterem wieder, aber die Ausführung auf unserem Bilde ist nicht annähernd von gleicher Feinheit. Im übrigen ist die Art, wie Wege durch die hellgrünen Wiesen führen, die vom Sonnenstrahl getroffenen violettlich-blauen Felsen hinwegragen über die Stadt und grünen Bäume, ferner wie die kleinen Wellen der Wiesen und die Hügel der dunkler getönten Kämme sich ineinanderschieben, ganz die Pieros.

22. Madonnen-Rundbild im Depot der Gemäldegalerie zu Wien.

Das andere Bild, welches in dieselbe Kategorie von Madonnenbildern gehört, ist mir leider nicht bekannt. Es wurde von A. Dollmayer in dem Depot der Sammlungen des österreichischen Kaiserhauses entdeckt und wird von ihm selbst bald Genaues berichtet werden. Seinen gütigen Mitteilungen kann ich ungefähr folgendes entnehmen.

Ihm erscheint die Zugehörigkeit des Bildes an Piero zweifellos. In der Mitte des Tondos steht die Madonna im Freien und hält auf dem linken Arme das Kind, welches in dem auf einem hohen Baumstumpf liegenden Buche blättert. Die Rechte hat es segnend erhoben zum kleinen Johannes gewendet, welcher links unten von der Maria geliebkost herbeieilt. Rechts ist ein knieender Engel sichtbar hinter einer kleinen Erhöhung, und wendet den Kopf nach links vorn, während die beiden Arme lebhaft übergreifen nach rechts. Das Kleinleben der Natur ist durch Pilze und durch einen Vogel, der vor einer grossen Raupe auf einem Steine links steht, vertreten. Das Ganze spielt sich in einer hübschen, leicht hügeligen Landschaft ab.

Da ich das Bild nicht gesehen und mir auch keine Photographie desselben zur Verfügung steht, so kann ich nur allgemeine Vermutungen aussprechen und an eine Charakterisierung oder Dotierung nicht denken. Engel, die verkrüppelten Baumstämme und das genrehafte Motiv mit dem Buche weisen zur Genüge auf frühere Bilder.

Bei den Pilzen und der Raupe möchte man an die sog. Heuschrecken-Madonna in den Uffizien denken, während man bei dem Format und der Darstellung an all die Madonnenrundbilder in Florenz aus den Jahren um 1510 erinnert wird. Vasari erwähnt zudem eine Madonna Pieros mit dem Kind auf dem Arm.[1]) Dieselbe kann identisch sein mit der Wiener Madonna, aber es befindet sich, ebenfalls in Wien, in Galerie Harrach ein anderes Tondo, welches Maria stehend und das Kind zu sich emporhebend zeigt. Es ist auch möglich, dass dies die genannte Madonna ist und es wurde denn schon von G. Frizzoni dem Meister gegeben. Ein ähnliches Tondo befindet sich in Galerie Borromeo in Mailand. Ich kann nur Schülerhand in den übrigens sehr verdorbenen Bildern erkennen und muss sie aus dem Werke Pieros streichen. (Näheres im Anhang, Nr. 3 und 4.)

Nachdem wir hiermit die Heiligenbilder abgethan, wenden wir uns jetzt einer Gruppe von Bildern zu, von denen Piero besonders in den letzten Jahren eine ganze Anzahl geschaffen. Es sind das die sogenannten Cassoni, d. h. Truhen, aber man versteht darunter meist Tafeln, die, bemalt mit mythologischen Scenen, in Hochzeitstruhen oder auch Holzvertäfelungen eingelegt wurden. Die zunächst zu besprechenden gehören noch zu der letzten Bildergruppe und zeigen noch glänzende Farben.

23a u. b. Bacchanalien bei Sebright, Beechwood, England.

Da sind zu nennen zwei kleine, fast quadratische Stücke mit Bacchanalien (ca. 1½ Fuss im Quadrat). Sie werden schon von Waagen[2]) als Werke Pieros genannt und als im Besitz der Familie Sebright in Beechwood befindlich erwähnt, wo ich sie gesehen habe.

1) Vas. IV, 133. È nel noviziato di San Marco, in un quadro, una Nostra Donna ritta col Figliuolo in collo, colorito a olio.

2) Waagen, treasures of art, S. 327. Beechwood. Piero di Cosimo No. 1 and 2. This rare master is here represented by two of bacchanalien subjects, which, according to Vasari he executed for Francesco del Pugliese (?).

One of them is not finished, they are full of strange and original inventions and are carefully executed in a warm tone.

a) Das eine vollendete Bild zeigt in der Mitte einen verkrüppelten ausgehöhlten Baumstamm, in dem ein Kind sitzt, daneben erscheint eine rückwärts auf einem Tiere sitzende bacchantische dicke Gestalt, begleitet von andern mehr oder weniger Trunkenen. Links liegt eine plumpe weibliche Figur und andere nackte, unangenehme Körper. An den Seiten sehen wir links wie rechts Gruppen von stehenden nackten Figuren, von denen eine jugendliche, schlanke männliche Gestalt (mit dunkelrotem Tuch) aussergewöhnlich graziös erscheint. Der Mittelgrund zeigt eine hügelige Landschaft, aus der in der Mitte ein isolierter Berg emporsteigt.

b) Auf dem andern unvollendeten Gegenstück, das nur gelblich untermalt ist, sehen wir nackte Gestalten auf dem Boden sich herumwälzen. In der Mitte steht ein sonderbares, hirschartiges, schwarzes Tier. Die Landschaft ist sehr hügelig. Die Einzelheiten sind noch sehr wenig herausgearbeitet; ohne jede Vorzeichnung ist alles gleich mit dem Pinsel aufgesetzt.

Jenes fertige Bild, auf dem von einer Ordnung der Figuren keine Rede ist, zeigt eine ausserordentliche Frische und Leuchtkraft der Farben. Wenn auch manche plumpe und derbe Gestalten abstossend wirken, so hat das Bild im Vergleich zu dem Kentauren- und Lapithenbild eine ganz andere Anziehungskraft. Nicht nur, dass wir hier doch einige feine Figuren unter den Männern finden, es ist auch gegenüber jenem Graugrün der Gesamtton hier ein ganz anderer. Das saftige Grün der Wiesen, die Wärme des Carnats, die leuchtenden Farben der Gewänder hie und da, die braunen Wege und Felsen und darüber der tiefblaue, leuchtend klare Himmel, alles das ist von grossem Reize. Das warm goldiggelbe Carnat hat übrigens eine Art von feinem Halbschatten, der glatt und ganz fein wie ein duftiger Nebel aufliegt, ähnlich wie auf dem Innocentibilde, wo das Carnat jedoch noch kälter gestimmt ist. Starke Schatten sind gemieden.

24. Prometheus-Tafel, Strassburg[1]) (Abb. 26).

Ein anderer Cassone befindet sich in der Kunstsammlung von Strassburg. Dargestellt ist die Prometheussage.

Links steht das Standbild Apollos auf dem Sockel, Prometheus tritt von rechts heran, einen Stab an das Herz der Gestalt haltend. Das Holz brennt an und so stiehlt Prometheus das Feuer. Auf der andern Seite wird er von einer jugendlichen Gestalt mit Flügelschuhen, vom Merkur an einen Stamm gefesselt. Oben auf einem Ast des Baumes sitzt ein Adler. Hinten werden vier sitzende und zwei stehende Gestalten sichtbar, weiterhin Häuser, Ebene, rechts und links ansteigende Hügel.

Die Darstellung ist höchst sonderbar und tiefsinnig. Prometheus ist links offenbar im Begriff vom Herzen des Gottes Phöbus Apollo das Feuer zu rauben, an dessen Standbild fast wie warnend die Rechte erhoben ist. Rechts in der Gruppe ist Merkur im Begriff den Prometheus an den Baum zu binden. Zuerst vermutete ich den Herakles, wie er den Prometheus befreit. Aber der Adler lebt noch und die schöne jugendliche Gestalt mit Flügelschuhen ist sicher nicht Herakles. Er hat den Strick noch in den Händen und zieht ihn eben an, um den „Übermenschen" zu fesseln. Gierig schaut schon der Adler des Zeus von oben herab; im nächsten Moment wird er herabstürzen, um dem Hilflosen immer von neuem die Leber zu zerfleischen. In der Mittelgruppe im Mittelgrund vermute ich in der stehenden weiblichen Gestalt die Pandora, dieses zweifelhafte Geschenk der Götter, wie sie den Epimetheus, den zu spät Bedenkenden, bestrickt hat. Derselbe tritt eben von

1) Archivio storico II, IV.

hinten an sie heran, sie zu umfangen. Die sitzenden Gestalten stellen wohl die Götter dar, welche die Pandora geschaffen und sie begabt haben mit Geschenken. So Hephaistos, der das Weib aus Wasser und Erde schuf und ihm jungfräuliche Schönheit gab; Aphrodite, die ihr Anmut und Liebreiz, Athene, die ihr weibliche Kunstfertigkeit und Hermes, der ihr Dreistigkeit und bethörende Schalkheit schenkten. Letzterer hat die verlockende Gestalt dem Epimetheus zugeführt und dieser unterliegt der Verführung trotz warnender Worte des Prometheus.

In diesen Gestalten vermuten andere[1]) die idealen Triebe des neuen Geschlechts (nach dem Sturz der Titanen): die Liebe, das schaffende Leben und den sinnenden Geist. Gerade diese poetische Erfindung halten sie für entsprechend der geistreichen, wenn auch sonderbaren Natur unseres Künstlers. Ganz links, auf halber Höhe, ist übrigens ein Knabe, der mit einer Schlange spielt, sichtbar. Soll da etwa die Gestalt des jungen Prometheus, der mit der Klugheit spielt, gegeben sein?

Abb. 26. Piero di Cosimo. Prometheus-Cassone. Kunstsammlung Strassburg.

Noch sonderbarer ist die Darstellung, die sich oben in den Wolken abspielt. Das sehr verdorbene Bild liess es nur schwer erkennen. Jetzt von geschickter Hand restauriert, zeigt es den leuchtenden Sonnenwagen, gezogen von sieben Schimmeln. Eine Gestalt eilt empor und entzündet einen langen Stab an dem Lichte. Ist das wieder Prometheus?

Der Erhaltungszustand des Bildes ist leider ein schlechter, aber die Farben müssen recht kräftig gewesen sein. Die Tönung des Bodens ist braun, die der Leiber mehr rötlichbraun. Die Gestalt des Prometheus ist kräftig, breitschultrig bei weichbraunem Carnat. Das braune Fell hängt über das kaltblaue, weisse Hüfttuch, während der grausame Fessler (Merkur?) jugendlich schön über sein helleres Carnat ein leuchtend-rotes Gewand trägt. Ich fühlte mich bei dieser Gestalt und bei dem Adler an den Johannes der Konzeption erinnert. Die Stellung ist recht hübsch, fein aufgefasst. Die Mittelgrundsfiguren weisen auf das Andromedabild (sitzende Frauen)

---

1) Archivio storico II, IV. in tre gruppi distinti, gli impulsi ideali della nuova progenie: l'amore, la vita attiva e quella contemplativa. Il concetto poetico è affatto all' indole dell' artista stranamente animatico.

hin. Die Wiesen sind kräftig grün; der Himmel darüber, an den Seiten blau, verdichtet sich nach der Mitte zu leichtem Dunstgewölk, in dem das ganze Licht des Sonnenwagens erstrahlt. Das Bild, in der Auffassung originell, einfach und ausdrucksvoll, ist wohl nach der Konzeption entstanden, denn es hat mit dieser manches gemein in dem Figurlichen wie den Gegenständen (Sockel etc.).

b) Stark lionardeske Bilder.

Jetzt betrachten wir einige Bilder, die so stark lionardesk, so sicher unter Lionardos Einfluss entstanden sind, dass die Behauptung, er habe sogar nach Lionardos Entwürfen gearbeitet, die Wahrheit zu geben scheint. Die Bilder können

Abb. 27. Piero di Cosimo. Befreiung der Andromeda. Uffizien, Florenz.

daher kaum nach 1507 entstanden sein. Piero zeigt sich da von einer ganz neuen, sonderbaren Seite.

23. Befreiung der Andromeda, Uffizien (Abb. 27).

Dargestellt ist die Befreiung der Andromeda und zwar werden in alter quattrocentistischer Art die verschiedenen Momente der Geschichte nebeneinander gegeben.

Oben rechts in den Lüften eilt Perseus herbei auf Flügelschuhen. In der Mitte unten auf wogenden Wassern sehen wir das Ungeheuer von Perseus den Todesstoss empfangend. Noch einmal faucht es die hilflos an einen Baum gebundene Andromeda an, noch einmal schäumt das Meer auf unter dem wilden Todeskrampfe. Links sehen wir verschiedene Gruppen von Frauen und Männern, erschreckt ihr Haupt abwendend. Dahinter steigt hinten an den Seiten der weisse, vom Wasser zerfressene Kalkfels an. Phantastisch ragen die wilden Formen auf, bald hier, bald dort von Bäumen überragt, oder es stehen Häuser auf ihnen gegründet. Rechts vorne sehen wir heitere Musikanten, ferner Perseus und Andromeda vereint mit dem Vater Kepheus, umgeben von der fröhlichen Menge. Weiter hinten breitet sich am Meere vor Felsen eine Stadt, wo auf einem freien Platz vor drei Altären die Menschen den Göttern Dankopfer bringen.

12

Vasari[1]) beschreibt dies Bild, welches nach ihm für Filippo Strozzi il Vecchio gemalt wurde, genauer und lobt es sehr. Das Meertier nennt er das bizarrste[2]), was jemals erfunden sei. Während er die Gebärde des Perseus[3]) als ausserordentlich kühn bezeichnet, scheint ihm die an den Baumstumpf gefesselte Andromeda, wie sie kämpft zwischen Furcht und Hoffnung, von besonderer Schönheit. Bei der Landschaft[4]) lobt er das Kolorit in seiner Weichheit und Verschmolzenheit der Farben. Weniger begeistert von dem Bilde sind moderne Kunstkritiker. So Crowe-Cavalcasselle.[5]) Von der Malweise sagen sie folgendes: „Anstatt der glatt aufgelegten, in durchsichtiger Fettheit aufgesetzten Farbe und der harten Gegensätze mit scharfer Markierung der Gewänder, sind die Töne hier so breit ineinander gearbeitet, dass ein einheitlicher, bunter Dämmerschein erzeugt wird." Weiterhin schliessen sie aus der „eigentümlichen Verschleierung der Umrisse" auf einen rückwirkenden Einfluss des Andrea del Sarto. Nicht viel anders urteilt Morelli, der diese „hellere Farbengamme", wie sie auch Andrea del Sarto und besonders Bacchiacca gebrauchten, auf einen Einfluss Lionardos zurückführt.

In der That ist das Sfumato von ausserordentlicher Weichheit, und das nicht nur, sondern auch die sorgfältige Gruppierung weisen auf einen direkten Einfluss Lionardos hin. Wie dieser es liebt, sind die Ecken mit Figuren und Gruppen ausgefüllt. Hervorgehoben werden muss besonders die in Intervallen aufsteigende feine Gruppe der Frauen links, die ganz lionardesk ist. So erinnert mich das Gewandmotiv der sitzenden Frau mit entblösstem Oberkörper, so wie das Tuch von hinten kommend umgelegt und über den Schenkel geworfen ist, an die heilige Anna Selbdritt im Louvre. Auch die eine Musikantin mit dem übergreifenden Arm, welche halbkniend und sitzend an den Baumstamm sich lehnt, ist sehr gelungen. Nicht zu vergessen ist auch die hübsche Gruppe der sitzenden, sich in Furcht umarmenden Gestalten links auf dem Berge. Perseus scheint jedoch nicht kräftig genug trotz des energisch ausholenden Armes. Er tritt zu wenig fest auf und tänzelt zu leicht da oben herum. Auch die Andromeda ist nicht gerade glänzend. Das weisse Gewand umschliesst den schönen Körper, und die Seitwärtswendung macht keinen Eindruck, scheint maniriert.

Die Weichheit der Formen, das feine verschwommene Carnat, die Gruppierung der Gestalten lassen jene Bemerkung im alten Inventar der Uffizien von 1589, welche berichtet, dass Piero das Bild nach einer Zeichnung Lionardos in Oel ausgeführt hätte, nur für glaubwürdig erscheinen. Das Bild ist zu gleicher Zeit mit der Konzeption und dem Tod der Prokris, wo sich in der Weichheit des Carnats (Satyr), der Lieblichkeit des Ausdrucks (Johannes) Lionardos Einfluss erkennen liess, höchst wahrscheinlich jedoch früher entstanden, vielleicht in den Jahren 1506—8. Dafür spricht besonders die Verkündigung von Albertinelli in der Akademie zu Florenz[6]) (1510),

1) Vas. IV, 139.
2) La più bizzara e cappriciosa orca marina.
3) La più fiera attitudine.
4) Il paese è bellissimo, e d'un colorito dolce e grazioso; e quanto si può unire e sfumare colori, condusse questa opera con estrema diligenzia.
5) Crowe-Cavalcasselle IV, 456/7.
6) Alinari, 1385.

wo das weiche Sfumato in den lieblichen Engeltypen auch an die Gestalten des Andromedabildes erinnert. Unbegreiflich ist mir, dass Ulmann[1]) die Entstehung desselben in die 80er Jahre des XV. Jahrhunderts setzt.

Piero berührt sich auch sonst hier eng mit Lionardo, so in der Erfindung sonderbarer Gewänder, Gestalten, die mit ihren Turbanen an den Orient erinnern, absurder Musikinstrumente sowohl und in der hohen Phantastik der Landschaft. Das Meer, vorne so wild wogend, wird nach hinten ruhiger, die Töne werden matter, duftiger. Rechts und links steigen bald steil, bald sanfter die Ufer auf.

Abb. 28. Piero di Cosimo. Porträt eines Kriegers. Nationalgalerie, London.

Was übrigens die Farben der Gewänder betrifft, so sind dieselben sehr bunt und hell. Ich fühlte mich beinahe an Filippino erinnert, zumal da derselbe auf seinen Fresken in S. Maria Novella auch von Lionardo beeinflusst scheint. Jedenfalls ist dies Bild kein sehr charakteristischer Piero. Weder die hellen bunten Farben, noch die manirierten Bewegungen der weichlichen Gestalten sind in seiner Art.

26. Porträt eines Kriegers. Nationalgalerie, London (Abb. 28).

Diesem Andromedabilde sehr verwandt in der verschwommenen Formgebung und der feinen Lichtführung ist das Porträt eines Kriegers in der Nationalgalerie zu London.

---

1) Jahrb. d. preuss. Kunstsammlung 1896, S. 49 f.

Dargestellt ist das Kniestück eines Kriegers in ganzer Vorderansicht. In blinkender Rüstung steht er in dunklem Raume und blickt auf den Beschauer, im Begriff, das Schwert mit der Rechten aus der Scheide, welche die Linke hält, zu ziehen. Hinten öffnet sich ein Fenster mit dem Blick auf die Piazza della Signoria in Florenz.

Das Bild, welches früher Costa genannt wurde, ist erst neuerdings von G. Frizzoni als Piero bestimmt. Wenn es auch nicht von der Güte, der Kraft des psychologischen Ausdruckes der Haager Porträts ist und in der matten Farbe, weichlichen Lichtführung etwas schwach für einen Ritter erscheint, so besitzt es doch eine Anzahl künstlerischer Reize. Wie vorzüglich sind die Lichteffekte auf der blinkenden Rüstung wiedergegeben und wie malerisch hebt sich so die Gestalt des Kriegers in dem dunklen Raum. Hier sind nicht nur die Fleischteile, sondern auch das Metall von feinem Dunstnebel umhüllt, in zartes Sfumato getaucht. Das weiche, wenn auch nicht leuchtende Carnat erinnert, wie auch schon auf dem Andromedabilde, an Andrea del Sarto; besonders durch die Teilung des Gesichtes durch die Nasenlinie in eine hellere und eine dunklere Hälfte, eine Auffassung, die sonst dem Piero fremd ist, während sie auch Ridolfo Ghirlandajo liebte. Das Bild scheint mir überhaupt kein charakteristischer Piero, denn auch die Raumdisposition ist eine andere als auf den besprochenen Porträts. Das Motiv der durchbrochenen, dunklen Rückwand gaben schon frühere Bilder, und er entsprach damit wohl dem Wunsche des Dargestellten, den man früher für Francesco Ferucci, den letzten, tapferen Verteidiger der republikanischen Freiheit gegen die Macht der Medici hielt. Jedenfalls wird durch diese Fensteröffnung die Wirkung des dunklen Innenraumes im Gegensatz zum freien Platz nur kräftiger. Der Ausblick auf die Piazza ist ausserordentlich interessant. Die Loggia dei Lanzi steht noch frei, ist noch leer. Die Uffizien sind natürlich noch nicht vorhanden. Vor der Signoria steht der David des Michelangelo, und noch kein Brunnen schmückt den Platz. Das Bild kann daher nicht vor 1504 gemalt sein. Die Entstehungszeit des Bildes wird sich kaum feststellen lassen. Für Ferucci ist die Gestalt zu schwächlich, aber da wir hier keinen der Medici erkennen können, so werden wir wohl einen der Helden der Verteidigung aus einem anderen vornehmen Geschlechte vor uns haben. Dann wäre natürlich das Bild sicher vor dem Fall der Republik, 1511, etwa in den Jahren 1508—1510 ausgeführt. Damit geht es denn gut mit dem Andromedabild zusammen.

c) Die letzten Bilder.

27a—c. Die Andromedasage in drei Bildern, Uffizien (Abb. 29—31).

Im Anschluss an das Andromedabild haben wir noch drei Cassone zu besprechen, auf welchen die Geschichte der Andromeda dargestellt ist. Sie befinden sich in den Uffizien. Es sind wenig erfreuliche und nur flüchtig hingemalte Produkte einer schon geschwächten Phantasie, wenn sie überhaupt eigenhändig sind und nicht vielmehr aus der Schule Pieros stammen. Da die drei Tafeln gleiches Format haben und verschiedene Scenen aus derselben Sage geben, so wird man in ihnen eher als Truhenbilder das fortlaufende Getäfel einer Wand erkennen müssen. Vielleicht sind sie identisch mit dem von Vasari erwähnten für Francesco del Pugliese gemalten Zimmerschmuck.

a) Zunächst findet die Tötung des Ungeheuers durch Perseus statt. Sie ist ganz im allgemeinen ähnlich dem grossen Andromedabild (Abb. 29).

In den Wolken eilt Perseus herbei, während er unten in der Mitte im Wasser das Ungeheuer tötet. Links sehen wir Männer und Frauen und weiter hinten Andromeda am Baumstamm, rechts spielt sich die Verlobung des Befreiers mit der Befreiten ab. Hinten hügelige Landschaft.

Bei einem Vergleich mit dem früheren Andromedabilde muss dieses hier äusserst dürftig und mangelhaft erscheinen. Nichts mehr ist zu finden von der alten bunten

Abb. 29. Piero di Cosimo. Befreiung der Andromeda. Uffizien, Florenz.

Phantastik, keine Spur mehr von jenem Reichtum der Erfindung in der Formgebung und der Feinheit des Sfumato in dem Carnat. Die Figuren sind überlang, ungraziös in der Bewegung und sehr flüchtig ausgeführt. Die Farben sind ziemlich kräftig, aber hart und trocken. Die Landschaft ist von einer für Piero unglaublichen Oede und Leere.

Abb. 30. Piero di Cosimo. Opfer. Uffizien, Florenz.

b) Die nächste Tafel bringt uns das Opfer für die Befreiung der Andromeda, eine Scene, welche auch auf dem früheren Andromedabilde klein rechts im Hintergrunde dargestellt war (Abb. 30).

In der Mitte sehen wir einen grossen architektonischen Aufbau. Es stehen dort unter dem hohen mittleren Baldachin die Figur des Zeus, rechts und links in Nischen der Seitenflügel Pallas und Merkur. Freudenfeuer lodern auf. Posaunen werden geblasen. Freudvoll eilen Perseus und Andromeda von links herbei, während nach rechts andere Gestalten abziehen. Vorne stehen noch verschiedene Gruppen. Die Landschaft hinten ist flach, nach den Seiten leicht ansteigend.

c) Auf der letzten Tafel ist der Angriff des Fineus und seine Versteinerung durch das Gorgonenhaupt dargestellt (Abb. 31).

In der Mitte erhebt sich eine sehr hohe, nur nach hinten nicht offene Mittelarchitektur, durch deren zwei nach vorne offenen Bogen wir auf das gestörte Festmahl schauen. Rechts und links von dem Hauptbau sehen wir noch je einen freistehenden, niedrigeren Nebenbau. Von rechts her kommen die Angreifer, Fineus mit seinen Untergebenen und ihnen entgegen eilt Perseus, das Gorgonenhaupt vor sich haltend, so dass die Feinde in Anblick desselben zu Stein erstarren. Links sind noch verschiedene Gestalten sichtbar. Die Landschaft, die an den Seiten in die Ferne führt, ist hügelig.

Diese drei Bilder sind höchst unbedeutend. Das Interessanteste ist die Architektur auf b und c, welche ähnlich sich schon auf Cassonestücken Botticellis und Filippinos findet, auch weiterhin in der Florentiner Schule (Franciabigio, Bacchiacca) wieder-kehrt. Die Landschaft ist nicht annähernd von dem Reiz derer auf Pieros guten Bildern; aber ein ähnlicher Hügelboden nach den Seiten ansteigend, mit Häusern zer-streut zwischen Gestrüpp, findet sich schon auf dem Strassburger Cassone. Indes weist keine der drei Andromedatafeln eine gleich kräftige Formgebung und leuchtende

Abb. 31. Piero di Cosimo. Angriff des Fineus. Uffizien, Florenz.

Farbenpracht auf wie dieses. Nur der schwachen Hand eines müden Greises, nur dem geistig gelähmten Piero, von dem Vasari die sonderbarsten Geschichten erzählt, wage ich diese und das folgende Bild zuzuschieben.

28. Salomos Urteil in der Galerie Borghese, Rom.

Ganz in der gleichen Art ist ein jüngst von Morelli dem Piero gegebenes Bildchen der Galerie Borghese mit dem Urteil Salomos.

Unter dreifach gewölbter, sorgfältig gezeichneter Architektur, ähnlich jener auf den be-sprochenen letzten Bildern, sitzt in der Mitte der König Salomo. Vor ihm steht der Scherge mit dem Kind zwischen den beiden Frauen. Rechts und links Neugierige.

In den Gruppen der Männer und Frauen mit Kindern herrscht unangenehm über-triebene, langweilige Symmetrie, so dass die eine Hälfte wie das Spiegelbild der andern erscheint. Es ist ein trauriges Machwerk eines abgelebten müden Greises.

29. Allegorische Komposition in der New-Battle-Abbey.

Nicht zu Gesicht kam mir eine von Claude Philipps in der Gazette des Beaux-Arts 1885, S. 272 erwähnte figurenreiche allegorische Komposition im Besitze des Marquis of Lothian in der New-Battle-Abbey, vgl. Grays Katalog dieser Sammlung.

VI. Die zweifelhaften und die fälschlicherweise dem Piero zugeschriebenen Werke.

Die bisher noch so unklare Vorstellung, die man von Piero und seiner Kunst hatte, ist Schuld gewesen nicht nur an der späten Erkenntnis bedeutender Werke seiner Hand, sondern auch daran, dass seit langem dem Meister die verschiedenartigsten Kunstprodukte zugeschrieben wurden. Gerade in neuester Zeit ist man da oft zu weit gegangen, und um das Charakterbild des Künstlers möglichst klar zu erhalten, möchte ich eher zu streng in der Ausscheidung des Zweifelhaften und Unechten vorgehen. Für den Leser zur eigenen Nachprüfung und Kritik wie auch wegen des mancherlei Interessanten füge ich möglichst viele der Bilder in Abbildung bei. In der Nennung neuer Namen möchte ich sehr vorsichtig sein. Die florentiner Malerei der ersten beiden Jahrzehnte des Cinquecento ist noch wenig erforscht, und es bedarf zur Erkenntnis dieser Meister zweiten und dritten Ranges eines sorgfältigen Studiums.

Es sind zunächst eine ganze Anzahl von Rundbildern zu nennen, die man versucht hat unter einen Namen zu bringen, nämlich unter den Pieros, der dazu gut genug schien. Die wichtigsten seien hier aufgezählt.

1) Galerie Borghese 54. Maria und Joseph vor dem Christkinde knieend (Abb. 32). Vorn blumige Wiese, dann Gemäuer und hinten hübsche Landschaft. Keinesfalls ist es von Piero, sondern erinnert mehr an Lorenzo di Credi. Von Morelli[1]) wurde es einem Künstler „Tommaso", der am Ende der Biographie des Credi bei Vasari genannt wird, nebst anderen Werken gegeben. Das Bild scheint zu scharf in der Formengebung und Lichtführung und hat nichts von dem intimen Charakter der Werke Pieros. Die energische Seitenbeleuchtung und besonders die sehr schöne Gestalt des knieenden Joseph mit dem vorzüglich durchgearbeiteten Mantel lassen einen sehr tüchtigen Künstler um 1500 erkennen.

2) Palazzo Pitti; No. 354. Heilige Familie (Abb. 33). Dem gleichen Tommaso von Morelli gegeben. Früher als das vorige; etwas unbeholfener und weniger hart im Farbauftrag. Nicht annähernd von gleicher Feinheit und Intimität wie das Streetbild, im Vergleich mit dem jede Behauptung der Autorschaft Pieros hinfällig wird.

Noch eine ganze Anzahl von Bildern aus den letzten Jahrzehnten des ausgehenden Quattrocento werden weiterhin fälschlicherweise wegen kleiner äusserlicher Anklänge

---

1) a. a. O. I, 114/5.

dem Piero gegeben. Sichere Beweise kann man nirgends er-
bringen; aber man muss für jedes
Bild einen Namen haben und wählt
den bisher noch nicht sicher bestimmten Künstler, ohne zu be-
denken, dass doch eine ganze
Reihe ungenannter Künstler damals
noch geschaffen hat, dass wir
niemals alle Bilder niedrigeren
Ranges unter Dach und Fach werden bringen können. In der Schule
Ghirlandajos, der Lorenzos di Credi,
ist gewiss mancher aufgewachsen,
der dann in späteren Jahren auch
den Einfluss Pieros erfahren.
Meistens mangelt es all den Bildern
an sorgfältiger Detaildurchbildung
bei den Figuren des Vordergrundes,
es fehlen die weichen üppigen Landschaften und besonders jene sehr

Abb. 32. Meister Tommaso. Heilige Familie.
Galerie Borghese, Rom.

grosse Feinheit der Lichtbehandlung. Eine weitere Gruppe von Rundbildern führt
uns in das erste Jahrzehnt des XVI. Jahrhunderts.

3) Da ist zunächst zu nennen ein Tondo mit der in freier Landschaft stehenden
Madonna, das Kind zu sich empor-
hebend; rechts sitzt Joseph mit
Johannes vor sich, links knieen zwei
Engel (Abb. 34), Galerie Harrach
in Wien, Durchmesser 95 cm.

4) Es gehört dazu ein Tondo
der in Landschaft sitzenden Madonna mit Engeln in Galeria
Borromeo zu Mailand, No. 19.
Beide Bilder sind sehr verdorben;
das erstere restauriert. Diese Bilder
sind sehr verwandt mit einigen
Rundbildern, die sich in den florentiner[1]) Sammlungen befinden und
müssten zum Vergleich herbeigezogen werden.

Aber Piero hier als Maler
dieser reizenden Bilder zu nennen,

Abb. 33. Meister Tommaso. Heilige Familie.
Pitti, Florenz.

1) Uffizien Brogi 1355. 90 u. a.
vergl. Seite 86.

VI. Die zweifelhaften und die fälschlicherweise dem Piero zugeschriebenen Werke.

117

scheint mir sehr kühn. Ich muss gestehen, dass mir die etwas weichliche Lieblichkeit im Ausdruck, die wenig kräftigen Formen und matten Linien ebenso, wie die
für Piero nicht charakteristische Raumbehandlung stark gegen dessen Autorschaft
sprechen. Auch die Baumformen, die Blumen sind ganz anders, als wie es Piero
liebt, gegeben. Gerade im Vergleich zu solchen Bildern können wir die volle, wenn
auch manches Mal etwas herbe Naturkraft Pieros begreifen, müssen wir sie würdigen
lernen.

Abb. 34. Unbekannter Meister. Heilige Familie. Galerie Harrach, Wien.

Interessant ist, dass sich das Motiv des starken Zurückwerfens des rechten
Armes in begeisterter Anbetung, wie es die Engel auf dem Bilde bei Harrach zeigen,
auch auf einer feinen Zeichnung Lionardos in Windsor findet. Sehr hübsch ist die
Gruppe des Joseph, der sich über den kleinen Johannes, ihn umfassend, beugt. Hier
fühlte ich mich sehr an das Dresdener Bild erinnert, in der Landschaft weist manches,
wie etwa der kleine steile Fels rechts, auf frühere Bilder, wie die Visitation, Hylas,
Venus und Mars zurück. Ich halte dies Tondo, welches in der Galerie dem Raffaellino gegeben ist, für ein gutes Schulbild.

13

Abb 35. Unbekannter Meister. Madonna mit Kind und Engeln. Marchese Pucci, Florenz.

VI. Die zweifelhaften und die fälschlicherweise dem Piero zugeschriebenen Werke.

99

5) Als letztes in dieser Reihe möchte ich noch ein höchst reizvolles Bild der Madonna mit zwei musizierenden Engeln aus der Sammlung des Marchese Pucci in Florenz (Abb. 35) dem Leser vorführen. Die Farben sind sehr leuchtend: so das Rot, Tiefblau und Grün in den Gewändern der Maria, das glänzende Rot im Kostüm des Engels links. Die glänzenden Farben, das lichte Carnat, die vollen Formen erinnern uns sehr an die Berliner Anbetung. Das aufblickende Christkind lässt uns an die Konzeption in den Uffizien und den Amor auf dem Venusbild in

Abb. 36. Unbekannter Meister. Johannes. Louvre, Paris.

Berlin denken. Der Engel links hat in der Stellung Verwandtes mit dem Hirten der Berliner Anbetung.

Im übrigen hat das Bild sehr viel von Gaudenzio Ferrari und den Oberitalienern. Dahin weist besonders der linke Engel, der Typus seines Kopfes und seiner Hände, ferner der leichte Auftrag der hellen, leuchtenden Farben. Der Kopf des Engels rechts erinnert sehr an Frisurstudien einer der Handzeichnungen Lionardos in Windsor. Dies Blatt gehört wohl nur der Schule an und wird dem Sodoma gegeben. Leider kann ich für das entzückende Madonnenbild keinen Namen, auch den Pieros nicht nennen. Die Figuren erscheinen mir doch zu geistvoll hingemalt, wenn auch auf dem Andromedabilde manches Verwandte sich findet.

Abb. 37. Unbekannter Meister.
Hieronymus. Pitti, Florenz.

6/8) Unter sonstigen Madonnenbildern mit Heiligen möchte ich nur noch das von Crowe-Cavalcaselle[1]) dem Künstler gegebene, in S. Piero al Terreno bei Figline befindliche Altarstück als ein derbes grobes Schulbild und das in der Sammlung zu Sigmaringen[2]) als ein ganz übermaltes Bild der Schule Peruginos noch erwähnen. Die beste Gestalt auf jener Tafel, die des Paulus, der mit langem, schwarzbraunem Bart in einem Buche liest und in der Linken das vom Licht getroffene Schwert hält, erinnert in den schönen Falten des rotbräunlichen Gewandes und des hellgrünen Mantels darüber an die gleiche Gestalt des Fra Bartolomeo im Lateran. Die Farben im übrigen sind trocken, die Gewandfalten schwulstig. Ebensowenig kann von der Zugehörigkeit der grossen Krönung Mariae im Louvre die Rede sein.

Ausser diesen Madonnenbildern haben wir noch einige Porträts und verschiedene kleinere Tafeln zu erwähnen.

9/11) Der Profilkopf eines Johannes im Louvre (Abb. 36), der Kopf eines Hieronymus im Pitti, der fast wie eine Studie oder Kopie zum Kopf des S. Antonius auf der Konzeption der Uffizien erscheint (Abb. 37), und ein Jünglingsporträt im Besitz von Lord Windsor[3]), Polizian genannt (Abb. 38), diese drei sind so übermalt, dass man überhaupt von alten Bildern gar nicht mehr reden kann. Am ehesten erinnert noch das Jünglingsporträt vor einer Vogelhecke an den jugendlichen Piero.

12/13) Zwei andere Köpfe: ein Hieronymus in mailändischem Privatbesitz (Abb. 39) (56×44) und eine Magdalena im Christ-Church College zu Oxford (Abb. 40), Reste von grösseren Altarbildern sind mir unbekannt. Die weibliche Heilige gehört in die Schule Filippinos und ist sicher von Raffaellino del Garbo und mag zu einem Stück gehören, ähnlich dem reizenden Tondo der stehenden Madonna zwischen Engeln vor einer Brüstung (in Berlin).

1) Ital. Malerei IV, 434 f.
2) Archivio storico dell arte Ser. I, 1893, VI, S. 389, von Fr. Hark dem Piero gegeben.
3) Ausgestellt New Gallery exhibition 1894.

Abb. 38. Unbekannter Meister. Porträt.
Lord Windsor, England.

14/16) Von den vielen Cassoni, die fälschlicherweise dem Piero zugeschrieben werden, erwähne ich hier nur aus der Galerie Colonna zu Rom: Raub

Abb. 40. Raffaellino del Garbo. Heilige Magdalena. Christ-Church College, Oxford.

Abb. 39. Unbekannter Meister. Hieronymus oder Donator. M. Trivulzio, Mailand.

der Sabinerinnen (Abb. 41) und Friede zwischen Römern und Sabinern, einem Schüler Ghirlandajos gehörend, demselben, dem man den Kindermord im

Hintergrund der grossen Anbetung der Könige von Ghirlandajo in der Innocenti-
kapelle und manche Stücke in englischem Privatbesitz zuschreiben kann, so be-

Abb. 41.   Schüler des Ghirlandajo.   Raub der Sabinerinnen.   Galerie Colonna, Rom.

Abb. 42.   Schüler des Filippino Lippi.   Abschied Jasons.   Earl of Ashburnham, London.

Abb. 43.   Unbekannter Meister.   Theseus und Minotaurus.   Galerie Marseille.

sondern ein Stück bei Ashburnham.   Zu diesem als Gegenstück befindet sich
in derselben Sammlung: Der Abschied des Jason von Pelias, datiert 1488
(Abb. 42)[1]) und zwar nicht von der Hand Pieros, sondern von einem Filippino-Schüler.

1) New Gallery exhibition 1894. No. 112.

17/18) Hochinteressant sind endlich zwei Stücke in der Sammlung zu Marseille: No. 335. Theseus tötet den Minotaurus; links interessante Stadtansicht, mehr

Abb. 44. Unbekannter Meister. Bacchus und Ariadne. Galerie Marseille.

Abb. 45. Schüler des Ghirlandajo. Verkündigung. Galerie des Findelhauses, Florenz.

Abb. 46. Schüler des Ghirlandajo. Bischof mit Weihwasser Gläubige besprengend. Innocenti, Florenz.

an Oberitalien erinnernd, rechts sieht man eine der wenigen Darstellungen des Labyrinthes (Abb. 43). No. 336. Bacchus, die verlassene Ariadne im Wagen, der von schlangenköpfigen Pferden gezogen wird, entführend (Abb. 44).

19/20) Ohne Grund schreibt man dem Piero auch zwei Predellenstücke in der Galerie des Findelhauses zu (Abb. 45 und 46), die vielmehr von demselben Ghirlandajo-Schüler sind, der auch die übrigen Predellenstücke ausgeführt hat.

Die Zusammenstellung dieser von verschiedensten Seiten dem Piero zugeschriebenen Bilder ergiebt ein sehr buntes Mosaik, in dem kaum zwei Steine zusammenpassen. Nicht mehr Bilder und auch nicht mehr Namen möchte ich nennen. Nur soviel kann ich sagen, dass mir so ziemlich alle Bilder, die unter Pieros Namen gehen, bekannt wurden und ich nicht genannte Bilder als dem Meister nicht gehörig bezeichnen möchte.

Schluss.

Wie gering auch die Zahl der unbedingt echten Werke Pieros sein mag — es sind im ganzen nicht viel mehr denn 20 wichtige Stücke — die Betrachtung derselben hat hoffentlich ein klares Bild von der Persönlichkeit des Künstlers bei dem Leser hinterlassen.

Aus der Schule Cosimos Rosselli bekommt Piero nicht viel mit auf den Weg; früh lehnt er sich an Lionardo an und als dieser nach Mailand gegangen, lässt er die übrigen florentiner Künstler auf sich wirken. Weder Botticelli noch Filippino haben dauernden Einfluss auf ihn gehabt, während Künstler wie die Pollajoli, Verrocchio, Domenico Ghirlandajo und Lorenzo di Credi in ihrem Streben nach Vervollkommnung der malerischen Technik ihm näher treten. Pieros Temperament charakterisiert sich als ein mehr ruhiges, beobachtendes, dem exaltierten Wesen jener geistig erregten Künstler fremdes. Zu einer reichen Quelle der Belehrung, ernsthaften Studiums, wurden ihm die mannigfachen Bilder der Niederländer, deren Einflüsse schon seit Mitte des Jahrhunderts in Italien erkennbar sind. Besonders das Bild des Hugo van der Goes ist hier zu nennen. Es muss als das Hauptverdienst Pieros die Aneignung der malerischen Kenntnisse, des Kolorits der Niederländer und die Übermittlung all dieser Vorzüge an die jüngere Generation florentiner Künstler hervorgehoben werden. Keiner hat in Florenz nach Lionardo mit gleichgrosser Energie wie er nach einer feinen Wiedergabe der farbigen, sinnlich schönen Sonnenwelt gestrebt. Freilich haben noch solche Bilder, wie die Visitation und die Madonna bei Street, in der bunten Vielfarbigkeit und den vielen hellblauen und blaugrünen bleichen Tönen, in dem glatten Auftrag etwas Hartes und Trockenes. Doch die tiefleuchtenden, glänzenden Farbtöne der niederländischen Palette ringen mit gewaltiger Kraft nach Herrschaft. Das Innocentibild bedeutet ihren Sieg. Koloristisch ist es das prächtigste Bild. Doch da kommen aus dem Norden, diesmal aus Norditalien — aus Mailand — neue Klänge. Man weiss nicht, wie weit Cesare da Sesto, Boltraffio, Gaudenzio Ferrari u. a. gewirkt haben, oder wie weit es nur eine ähnliche Umsetzung niederländischen Farbenspieles in italienische Melodieen ist. Diese gleichen rauschenden Gesänge tönen bis zur Berliner Anbetung, bis zu den Haager Porträts. Aber da scheint es, als ob der Hauch desselben Weihrauchs, den Lionardo den höchsten Göttern aufsteigen liess, auch Pieros Bilder umhüllte, den Glanz der Farben leise verschleierte. Schon die Berliner Anbetung beherrscht ein lichter, zarter Gesamtton, die Landschaft in erster Linie, jedoch auch die Figuren vorn. Das Licht, die gleiche

14

Atmosphäre umschliesst alles. Bald ist es sonniger Tag, bald jedoch steigen auch schon leise die blauen Nebel aus der Uferlandschaft auf. Die ganze Entwicklungsgeschichte von dem heiteren, beinahe unharmonisch bunten Bilde „Mars und Venus" zu dem gross empfundenen, fein gestimmten „Tod der Prokris", von den bleichen bunten Madonnenbildern in England zu der warm getönten Anbetung in Berlin: das bedeutet das Lebenswerk Pieros. Dort eine vielgliedrige, vielwinkelige, buntfarbige Landschaft — sorgfältige Detailarbeit — hier grosse Linien, Hauptflächen, wenige, aber herrschende und harmonisch gestimmte Farben. Dazwischen hat die Landschaft die verschiedensten Gliederungen durchgemacht. Zunächst ausgehend von den römischen Fresken finden wir üppige Blütenbeete, feingezeichnete Bäume, romantische Felsen, phantastische Städte, alles bis ins Detail sorgfältig ausgeführt, jedes wie für sich allein gedacht (Visitation, Street-Tondo). Dann werden die Landschaften einfacher, sie erscheinen von den Figurengruppen zurückgedrängt und es sind nur Ausblicke gegeben (Innocenti, Dresdener Tondo). Endlich wachsen die Gründe wieder empor zu einem lichtglänzenden Stimmungsbilde (Berliner Anbetung, Andromedas Befreiung), oder zu isolierten, entzückenden Landschaftsbildern für sich im Bilde (Haager Porträts, Konzeption). Die Farbstimmung der landschaftlichen Gründe macht den gleichen Entwicklungsgang durch: von buntfarbigen, in der Art des Ghirlandajo blaugrünen Tönungen geht sie über in ein düstereres, neutraleres Graublau, um endlich in heiterem, lichtem Sonnenglanz bei hellgrauem Boden, lichtgrünen Wiesen und Bäumen, kräftigen farbigen Häusern etc. in einem gleichmässigeren Gesamtton auszuklingen. Auch in der Formengebung erhebt sich Piero von einer mehr aufs hübsche Einzelmotiv gerichteten Kleinlichkeit, von der Freude am Detail, dann, als er zur sicheren Beherrschung der Formensprache gelangt ist, zu einer grossen Gesamtkomposition.

Was seine Auffassung des Bildes betrifft, so ist und bleibt er darin, wie wir gesehen, Quattrocentist. Seine Figuren geben sich zunächst vollständig ungezwungen, unposiert, ohne Rücksicht auf den Beschauer, und selten nur lässt er sie aus dem Bilde herausblicken. Entgegen Botticelli, Filippino, Perugino u. a. pflegt er nicht sentimentale Stimmungen, stark aufgeregte Scenen zu geben, sondern er erstrebt einen möglichst naturwahren, innigen Ausdruck einer schlichten Seelenstimmung. Darin ist er vielleicht der gelehrigste florentiner Schüler der Nordländer gewesen, und sein Geist scheint dem Nordischen besonders verwandt. Nicht nur, dass er künstlerische Einzelmotive entnimmt oder, seinem Drange nach Darstellung folgend, auf einem Bilde wie der Heimsuchung uns verschiedene Genrebilder giebt, ohne Rücksicht auf den Zusammenhang, sondern er sucht auch tiefinnerlichst in seinem grübelnden Wesen nach geistigen Zusammenhängen und symbolisiert gleich den Germanen gerne. Bald sind es die verschiedenen Lebensalter, die er gegenüberstellt, bald die Temperamente u. a. Wie auf jedem seiner Bilder ein feines Licht- oder Farbenproblem gelöst, auf jedem ein reizendes genrehaftes oder landschaftliches Bildchen zu finden ist, so fehlt auch keinem ein tiefes, psychologisches Motiv, die Darstellung eines schönen geistigen Momentes. Dagegen erhob den Künstler, trotzdem er weit in das Cinquecento hineinlebte, nie der mächtige Adlerflug des Klassicismus, er schwebte, die Erde weit unter sich lassend, nie hoch empor. Piero zeigt sich überall — nicht zum wenigsten auf seinen Porträts — als der schlichte, gemütvolle Sohn der Erde und etwas Schweres, Herbes haftet all seinen Gestalten an. Weder leichte, flüchtige Eleganz, noch gewaltige Grossheit finden wir auf seinen Bildern. Der Charakter seiner Werke ist ein ernster; sie haben etwas Bescheidenes, Stilles, kein lärmendes, aufgeregtes Wesen spricht aus ihnen. Jede der Gestalten, jedes der kleinsten Naturgeschöpfe sind wie jeder Sonnenstrahl und Farbfleck mit Liebe erdacht ausgeführt. Das giebt seinen Werken einen besonderen intimen Wert, macht sie uns sympathisch.

Doch zu dieser allgemeinen Charakterisierung wollen wir noch auf einige Merkmale, an denen man seine Hand oft erkennen kann, aufmerksam machen. Der Typus seiner Frauen zunächst entstammt in gleicher Weise wie der des Lorenzo di Credi und Domenico Ghirlandajo der Werkstatt Verrocchios. Mehr rund als länglich, mit breiten Kinnbacken, nach dem Kinn zu bald voller, bald schmächtiger zulaufend, eine kräftige, an der Spitze etwas dicke Nase; der Mund lächelnd, in den Winkeln leichte Schatten zeigend, die Lippen in der Mitte geschwollen, die breite Stirn mit dem schlicht gescheitelten Haar fast immer hell beleuchtet; die Haare tiefblond bis dunkelbraun, die Gesichtsfarbe bleich. Was die Behandlung der Augen betrifft, so muss hervorgehoben werden, dass dieselben meist tief liegen in den Höhlen, deren innerer Winkel dunkel beschattet ist. Der Augenbrauenbogen ist bei den Männer- wie Frauenköpfen in erster Zeit scharf gebrochen, so dass die Stirn an dem Nasenansatz oft ein Dreieck bildet (Street-, Dresdener Tondo); später wird der Bogen, besonders bei den Frauen, weicher gewölbt. Die Lider pflegt der Künstler aussergewöhnlich scharf zu zeichnen, die oberen, gross und schwer, grell zu beleuchten, die unteren mit einer feinen helleren Linie, dann einem breiteren Schatten zu umziehen. Im übrigen sind die Lider meist fein geschwungen, die Augäpfel sehr rund und klar. Die Hände der Frauen sind zuerst in ihrer schlanken, geraden Form (Heimsuchung, Innocenti) denen Ghirlandajos ähnlich, später werden sie voller und weicher in der Art der Mailänder. Madonnen tragen reiche Kopf- und Schleiertücher, deren herabhängende Zipfel oft geknotet sind.

In der späteren Zeit werden nicht nur die Farben des Incarnats wärmer, leuchtender, das Sfumato weicher, sondern die Formen gewinnen auch mehr und mehr an Kraft und Fülle. Ein Vergleich wird jeden belehren. Dort die Heimsuchung, Street- und Innocentimadonna, hier die Berliner, die Konzeption, die Magdalena und schon die Dresdener Engeltypen. Auf den späteren Bildern welch weiche Fülle in den Formen, welch warme, feine Tönung in den Schatten der Gesichter, der Hände. Eine stetige Zunahme der Darstellungskunst, ein immer stärkeres Heranwachsen der sinnlichen Form, wobei der Typus ganz im allgemeinen derselbe bleibt.

Die Typen der Kinder zeigen dieselbe Entwicklung, sie sind denen Ghirlandajos und Lorenzo di Credis in ihren rundlichen Formen, den runden, dünnbehaarten Köpfen und der bleichen Tönung nicht unähnlich (Street-, Innocentibild). Bei der Louvremadonna wird die Modellierung weicher, die Töne werden wärmer, die Formen immer grösser. Während wir uns bei den langleibigen Körperchen des Dresdener Tondos an Signorelli erinnert fühlten, treten später mehr und mehr volle, rundliche, mailändische und lionardeske Typen hervor.

Mit den Jahren löst sich alles mehr und mehr im Licht; die starken Kontraste, die scharfen Linien, die tiefen Schatten schwinden. Letzteres zeigt besonders die

prächtige Reihe von männlichen Charakterköpfen von den Heiligen Antonius und
Nicolas, bei denen sehr sorgfältig jedes Härchen, jede Falte ausgeführt sind, zu den
breiter gemalten Petrus und Johannes des Innocentibildes und zu den höchst malerisch behandelten Köpfen der Berliner Anbetung, des Uffizienbildes und der Haager
Porträts. Die sehr kräftigen Männerhände zeigen die gleiche Umbildung von den glatt
oder trocken gemalten Details zu einer allgemeineren Behandlung der grossen Formen
mit Hilfe von aufgesetzten Lichtern, die tiefen Schatten aufhellenden Reflexen, so dass
die Haut beinahe etwas Glattes, Fettiges bekommt (Joseph — Dresden, Hirt — Berlin,
Petrus — Uffizien). Die Ohren haben grosse Muscheln und sitzen meist ziemlich hoch,
sind lang bei den Männern, bei den Frauen fast immer durch Haare verdeckt, bei den
Kindern sind sie flach. Die Haare, erst strähnig, schlicht mit Reflexen, werden immer
weicher, flaumiger. Piero liebt, wie oft genug betont, oberes Seitenlicht, wodurch
meist die Stirn und die eine Hälfte des Gesichtes hell erscheinen, andere Teile, oft
sogar die uns zugewandte Seite, in Schatten gehüllt sind. Darin erscheint er der
gelehrige Schüler Lionardos. Möglichst vermeidet er die Nasenlinie als die trennende
zwischen Licht- und Schattenhälfte zu geben, was manche seiner Schüler (Ridolfo
Ghirlandajo, Andrea del Sarto) gerade zur typischen Eigentümlichkeit machen. Das
Streben nach sorgfältiger, plastischer Modellierung in den verschiedensten Stellungen,
Beleuchtungen, ist bei ihm bis in die letzte Zeit mächtig und seine Vorliebe für
glänzende Lichter, leuchtende Farben schwindet nie.

Ein Hauptcharakteristikum all seiner Bilder ist das Individuelle jedes derselben.
Wie oft sucht er nach einer neuen Lösung des grossen Problems der Maler, das auf
den Gegenständen liegende, dieselben formende Licht, die zwischen den Objekten
vibrierende Luft und den um und hinter denselben sich dehnenden Raum in irgend
einer neuen, fein empfundenen Form zu geben. Man vergesse daher nicht seine
Wiedergabe des Himmels besonders zu betrachten. Erst der kalte, klare, blaue
Himmel, dann düstere Wolkenbildungen, dann strahlende, von feinen Wolken durch-
zogene Luftschichten. In der reinen Klarheit verliert sich gewissermassen der Glanz,
der Sonnenschein erstrahlt uns erst gebrochen von leichtem Wolkendunst oder an
Gegenständen in voller Pracht. Wir erschauen doch nur gebrochenes, reflektiertes
Licht. Diese grosse Wahrheit hat auch Piero erkannt.

Von der Faltenbehandlung ist nur zu sagen, dass dieselbe zuerst vom Künstler
vernachlässigt wurde. Sie erscheint da bald schwer und schwülstig, an Lorenzo di
Credi (Visitation, Streetbild) erinnernd, bald flüchtig behandelt (Innocenti — Dresden),
und wir finden erst später schöne breite Lagen (Anbetung, Konzeption u. a.).

Von der Landschaft war schon oft die Rede. Betont möge noch werden, dass
dieselbe drei Typen zeigt, die alle Ghirlandajos Gründen mehr denn der unruhigen,
aufregenden Phantastik der Landschaften Filippinos mit ihren zahlreichen Durchblicken,
zackigen Felsen, knorrigen Bäumen verwandt erscheinen.

1) Die bergige Landschaft: Die Landschaft auf der Predigt Christi in der Sistina
zeigt dieselbe schon ganz bis in ihre Einzelheiten: unebener, blumenbewachsener Vordergrund, dann leichte Höhenzüge, sich durcheinander schiebend, bald stark ansteigend;
Städte mit sehr sorgfältig gezeichneten Häusern, Kirchen an Flüssen oder Seeen,
ein isolierter Berg oder Fels, oder einfache Berge an den Seiten, mit Bäumen,
zwischen denen Häuser liegen. Der Mittelgrund ist oft unklar, unsicher behandelt

(Heimsuchung, Street-Tondo, Anbetung, Haager Porträts). In der Ferne werden regelmässig blaue Berge, mit phantastischen Felsbildungen, Burgen u. a. belebt, sichtbar.

2) Die Flachlandschaft: weite Wiesenflächen, bläuliche Ferne (Venus und Mars, Prokris Tod).

3) Die isolierten, oft auf hohen Bergen liegenden landschaftlichen Idylle (Konzeption, Uffizien, Haager Porträts).

Der Vordergrund ist entweder ein heller, glatter Steinboden (Heimsuchung, Anbetung, Konzeption), oder reich mit Blumen auf Wiesengrund bedeckt. Aufmerksam sei darauf gemacht, dass die einfachen Blütenstengel fast immer gerade aufrecht stehen, während Dolden oder die immer zu findenden Ähren wilder Getreidearten herabhängen. Es muss das besonders betont werden, da die Nachahmer und Schüler diese Kleingebilde der Natur meist sehr flüchtig behandeln und die Stengel schlaff herabhängen lassen. Man könnte eine ganze Botanik von Pieros Blumen geben und die Liste würde nicht sehr klein sein. Besonders liebt er neben Ähren verschiedenster Form Sternblüten, trichterförmige Blüten, Nelken und schmetterlingsblütige Pflanzen (Streetbild, Venus und Mars, Prokris Tod etc.). Was seine Baumformen betrifft, so haben wir oft genug schon davon geredet, dass er die blätterlosen wie die bald fein, bald voll mächtig belaubten Bäume, sämtlich mit dünnen oder knotigen, hohen Stämmen, gerne mehrere und zwar nebeneinander vor die helle Luft stellt, so dass das Licht überall fein durchstrahlt. Von den prächtigen Palmen, den knorrigen Oliven, dem vollen Myrtengestrüpp, den schönen Wasserdolden u. a. auf den verschiedenen Bildern brauchen wir nicht mehr zu reden.

Die Hauptcharakteristica seiner Malweise sind ein glatter, verschmolzener, in den Schatten oft leicht grauer Auftrag von kräftigen, leuchtenden Farben (in der Frühzeit bleich), derbe, feste Formen, deren oft hölzerne Unbeweglichkeit durch zarte Lichtspiele auf der Haut gehoben wird, reizvolle, blumenreiche, felsige Landschaften, feines, scharfgezeichnetes Laub und bald schlanke, bald knorrige Baumformen.

Über seine Schule können wir hier nicht mehr berichten. Neben Lionardo und auch Perugino hat er den grössten Einfluss auf die Jungflorentiner gehabt. Neben den Grössten: Fra Bartolomeo, Andrea del Sarto lernten viele, wie Mariotto Albertinelli, Ridolfo, Ghirlandajo, Bugiardini, Francialdgio, Bacchiacca u. a. von ihm. Er nahm ja nach Domenico Ghirlandajos Tode (1494) während Lionardos Abwesenheit eine bedeutende Stelle ein. Seine Schule ist sein Ruhm, die Vermittlung zwischen niederländischer Farbenpracht und florentiner Formenkraft sein höchstes Verdienst.

Anhang.

Die Nummer vorn bezeichnet den Abschnitt, in dem das betreffende Bild behandelt ist. Die eingeklammerten Zahlen
geben die ungefähre historische Reihenfolge an. — T. — Tafel.
Die mit * bezeichneten Nummern sind zweifelhaft oder mir unbekannt.

Die Werke des Cosimo Rosselli nach ihren Standorten.

Deutschland.

Die Werke des Piero di Cosimo nach ihren Standorten.

Deutschland.

England.

Frankreich.

Italien.

Druckfehler.

S. 2 Z. 1 v. u.　„Filippo Baldinucci" statt „Baldinucci Filippo".

S. 3 Z. 8 v. o. und S. 35 Z. 14 v. u. „dem sicher Jahre vor 1482" statt „dem 1482". 1482 ist das Todesjahr des Hugo van der Goes.

S. 7 Z. 7 v. o.　„von dem Vorsteher des Findelhauses" statt „von Piero Pugliese". Das Bild wurde für die Kapelle der Pugliese im Auftrage des Vorstehers gemalt.

S. 8 Z. 10 v. u.　„moto" statt „noto".

S. 24 Z. 1 v. u.　„weist sie" statt „sie weist".

S. 40 Z. 10 v. u.　„Formerly" statt „formerly".

S. 40 Z. 3 v. u.　„brown tone of its" „brown of its".

S. 49 Z. 3 v. u.　„dicken" statt „dichten".

S. 50 Z. 12 v. u.　„mit ihren breiten Schatten" statt „mit ihrer breiten Schattenführung".

S. 52 Z. 10 v. u.　„bei dem" statt „bei den".

S. 60 Z. 4 v. u.　„Triptychon" statt „Trytichen".

S. 66 Z. 15 v. o.　An Stelle von „la belle jardinière" wäre besser „die Madonna im Grünen" in Wien genannt. Auf diesem wie auf Pieros Bilde geht die kniecnde Figur des Johannes auf die gleiche Figur der „Vierge aux rochers" von Lionardo zurück.

S. 67 Z. 19 v. u.　„alle" statt „alte".

S. 85 Z. 3 v. u.　„Dollmayr" statt „Dollmayer".

S. 100 Z. 4 v. o.　„S. Pier al Terreno" statt „Pieral Terreno".

S. 100 Z. 14 v. u. und Abb. 39.　„Der Kopf eines Donators oder Heiligen im Besitz des Prof. Nuti in Mailand" statt „in mailändischem Privatbesitz, im Besitz von M. Trivulsio".

S. 107 Z. 15 v. u.　„Berliner Anbetung" statt „Anbetung".

S. 109 Z. 4 v. u.　„Franciabigio" statt „Francialdgio"

S. 111 Z. 30, 5 v. o.
S. 112 Z. 13 v. u.　} „Sammlung Solly" statt „Sammlung Jolly".

S. 112 Z. 2 v. u.　(2 ft 1'', in. ⟩⟨ 6 ft) statt (2 ft 1½, cm ⟩⟨ 6 in).

S. 113 Z. 3 v. o.　(61 in ⟩⟨ 68 in) statt (61 ⟩⟨ 68 cm).

S. 113 Z. 7 v. o.　(1 ft 7½, in ⟩⟨ 1 ft 4 in) statt (1 ft 7½, cm ⟩⟨ 1 ft 4 cm).

S. 113 Z. 12　Seite „35" Abb. „T. I".

Zum Schluss möchte ich nochmals bemerken, dass weder der Jünglingskopf in Dulwich Nr. 14, noch das Kriegerporträt in der Nationalgalerie von London Nr. 26, noch endlich die Maria mit den Kindern in Galerie Lichtenstein, Wien Nr. 21 als zweifellos echte Bilder Pieros gelten können. Die beiden Porträts sind zu weichschwammig, zu wenig plastisch klar und in den Umrisslinien nicht von der Bestimmtheit, wie der Künstler als echter Florentiner sie seinen Köpfen zu geben pflegte. Zudem ist die Haarperücke auf ersterem Bilde zu undetailliert, unbestimmt — Piero liebt die nach aussen gedrehten Löckchen — und zudem scheint es mir wenigstens fraglich, ob Piero zu solch freier, leicht-malerischer Auffassung gelangt ist. Die auf dem Boden sitzende Maria ist in der Auffassung und Erfindung wohl dem Meister zuzuschreiben; aber die Ausführung hat doch zu viel schülerhaft Ungeschicktes, als dass man nicht wenigstens an Beihilfe von Schülern denken müsste.

www.ingramcontent.com/pod-product-compliance
Lightning Source LLC
Chambersburg PA
CBHW030606270326
41927CB00007B/1066